Für Ursula und Joachim

in Liebe

Sophie Mattheo

Sophia Matteo

Das volle Leben

oder

Frieden in Aquamarin

SDG

tao.de

Umschlaggestaltung, Illustration: tao.de
Umschlagbild: Ani-La

ISBN Hardcover: 978-3-96240-571-7
ISBN Paperback: 978-3-96240-569-4
ISBN E-Book: 978-3-96240-570-0

Verlag: tao.de in Kamphausen Media GmbH, Bielefeld,
www.tao.de, E-Mail: info@tao.de
Herstellung: tredition GmbH, Halenreie 40–44, 22359 Hamburg

Bibliografische Information der Deutschen Nationalbibliothek:Die Deutsche Nationalbibliothek verzeichnet diese Publikation in der Deutschen Nationalbibliografie; detaillierte bibliografische Daten sind im Internet über http://dnb.d-nb.de abrufbar.

TEIL 1

1

Hoch über den Wolken.

Ein weites weiches Meer, in Sonnengelb getaucht.

Ein makelloser Himmel: wässriges Blau, pastelliges Mint,

zitronig-frisch wie der Duft von Minze mit Bergamotte.

Rein und klar. Grenzenlos.

Die Vibration eines berstenden Jauchzens.

Jubel, tausendfach zersprengt.

Eine Flut unermesslicher Helligkeit.

Das Band des Himmels liegt ausgebreitet vor ihr.

Vor ihr, neben ihr, hinter ihr –

in einer ungewohnten,

den physischen Augen nicht möglichen 360-Grad-Ansicht.

Es gibt weder einen Betrachter,

der mit seiner phantomhaften Anwesenheit drei Viertel des Bildes versperrt,

noch eine Quelle dieses so eigentümlich klaren Lichts.

Als sie es festzuhalten versucht, entgleitet es ihr.

2

Es gab es also tatsächlich: das Erwachen! Aber dass es sie so abrupt überfallen würde und unter diesen Umständen, damit hatte sie nun wirklich nicht gerechnet. Sie hatte, genau genommen, mit gar nichts mehr gerechnet und wäre zu dem gegebenen Zeitpunkt nie auf den Gedanken gekommen, dass ihr so etwas überhaupt widerfahren könne. Spiritualität, Erleuchtung, Erwachen: Themen, die sie früher brennend interessierten – das alles war so weit weg. Sie hatte sich mit all dem nicht mehr befasst, war vielmehr dazu übergegangen, nur noch ihr kleines Leben zu leben, das kleine, bescheidene Leben, das ihr nach der schweren Erkrankung blieb. Und dann war „es" doch geschehen.

Lea war für drei Tage nach Bamberg gereist. Auch das aus heiterem Himmel, ganz spontan. Ihr war wohl vom Hörensagen bekannt, dass Bamberg eine schöne alte Stadt sei, und da sie nach der Beendigung ihrer bisherigen Arbeitsstelle und vor Beginn der neuen ein paar freie Tage hatte, wollte sie diese mit einem kurzen Tapetenwechsel genießen. Keine Ahnung, weshalb sie sich ausgerechnet für Bamberg entschied, denn es gab so viele andere sehenswerte Städte, die sie ebenfalls noch nicht kannte. Aber sie hatte nun einmal aus dem Bauch heraus Bamberg gewählt. Ob die Wahl der Stadt jedoch überhaupt einen Einfluss auf das Erlebte hatte, sei dahingestellt, vielleicht war es auch nur die kurze Zeit für sich allein, die paar Tage ohne engere soziale Kontakte, welche das In-Sich-selbst-Eintauchen erleichterten, sodass „es" geschehen konnte. Der Aufenthalt in Bamberg war bereichernd, auch wenn zum Zeitpunkt ihrer Reise ein Großteil der Stadt eine Baustelle und so manche Sehenswürdigkeit daher geschlossen war. Lea hatte jedoch ein ruhiges Hotelzimmer in einem ehemaligen Kloster erwischt, das Beste aus ihrem Aufenthalt gemacht und sich nach den drei Tagen dort froh und innerlich beschenkt auf die Heimreise begeben.

Und da, während der Rückfahrt, war „es" geschehen: Lea war fast eine halbe Stunde zu früh am Bahnhof angelangt - ihre ewig alte Angst, irgendwohin zu spät zu kommen, dabei war sie ihr Leben lang immer zu früh -, und stand in der kalten, zugigen Eingangshalle herum, die Hände auf den Griff ihres Trolleys gestützt. Es war schon im neuen Jahr, aber noch mitten im Winter. Irgendwann fiel ihr auf, dass sie da stand wie ein Block: in völliger innerer und äußerer Ruhe, keinerlei Gedanken im Kopf, ihre Beine kraftvoll im Boden verankert, Fußsohlen, die sich öffneten und bis ins Innerste der Erde flossen. Ein Anflug von Lächeln lag auf ihrem Gesicht. Wie herrlich war es, einfach so dort zu stehen, ruhig und fest. Sie hätte noch Stunden reglos auf ihren Zug warten können, denn zu diesem Zeitpunkt war die Zeit ihr schon abhandengekommen. Im Zug kippte dann plötzlich noch der Raum, stülpte sich um, von außen nach innen, von innen nach außen. Sie selbst gab es nicht mehr, nur noch einen um sie herum ausgebreiteten Seelen-Innenraum. Da, wo früher sie selbst war, ihr Ich, war jetzt die Welt, und sie schaute wie von einer nicht vorhandenen Peripherie aus in ihr eigenes Seelen-Welt-Inneres, zugleich vom Mittelpunkt aus nach draußen. Die Welt lag vor ihr und um sie herum und über und unter ihr in einer aus sich selbst heraus leuchtenden Brillanz: die vor dem Fenster vorüberziehende Landschaft, der blaue wolkenlose Himmel darüber, das quengelnde Kind aus der Sitzreihe hinter ihr. Sie selbst gab es nicht mehr, die Welt hatte sie aufgesogen. Jetzt verstand sie, weshalb die Buddhisten sagen, es gäbe kein Ich. Es gab nur noch Durchlässigkeit, Offenheit, Weite, so etwas wie ein Tor, wie ein Fenster ins Nichts, in ein Nirgendwo, durch das die Welt unablässig strömte, so wie das Wasser eines Flusses sich durch eine Stromschnelle hindurch ergießt. Ihr Geist ergoss sich in die Welt, und nur dadurch, dass sie, Lea, nun nicht mehr war, war sie alles. War Fluss, war Quelle, war Leere, war Fülle – war selig.

Dieser Zustand hielt noch ein paar Tage an, dann ebbte er langsam ab. Inmitten der Aufgaben des Alltags, im Kontakt mit den Anderen und der Herausforderung des neuen Arbeitsplatzes ließ sich ihr „Wunder von Bamberg“ nicht länger halten, ihr überdimensional ausgeweitetes Bewusstsein schrumpfte wieder zusammen zu seiner gewohnten Alltagsrealität. Aber: Es war plastisch geblieben. Nahezu jeden Tag konnte Lea für den einen oder anderen Moment einen Hauch des Erlebten in den verschiedensten Sinnesqualitäten noch erhaschen. Sei es durch das gesteigerte Auftreten von Synchronizität, bei der ein Bild oder Geschehnis im Außen ihr augenblicklich eine innere Befindlichkeit, einen Gedanken oder ein Gefühl, in veräußerlichter Form widerspiegelte, denn Geist und Materie sind in diesem Zustand eins. Sei es durch einen völlig neuen Musikgenuss, bei dem sie ein Musikstück nicht mehr mit ihren Ohren hörte, sondern sich so tief im Zentrum der Musik befand, welche sie umhüllte, durchtränkte, dass es ihr vor Seligkeit die Tränen in die Augen trieb. Oder indem sie sich für Minuten unvermittelt in einem größeren Atem eingebettet wiederfand, in einer kristallklaren, Tau gesättigten Luft.

Einerseits war Lea betrübt, diesen unbeschreiblichen Zustand so schnell wieder verloren zu haben, andererseits war sie heilfroh, denn er war von einer solch übermenschlichen, ja überirdischen Kraft gewesen, dass sie schon befürchtete, davon gesprengt zu werden. Aber dies war, Gott sei Dank, nicht geschehen und im Grunde wusste Lea: Sie war in ihrer Persönlichkeit inzwischen ebenso durchlässig und weit wie stark und fest - sie hielt dieser transzendenten Übermacht stand. So war ihr „Wunder von Bamberg“ ein erster Einblick in das, was man Erwachen nennt.

3

Rückblickend erkannte Lea, dass sie, ohne es zu ahnen, auf ihrem in jungen Jahren gezielt begonnenen Entwicklungsweg trotz der Krankheit weiterhin vorangeschritten war, dabei hatte sie schon alles verloren und gescheitert geglaubt. Und dass sie sich noch immer auf dieser Reise befand, zu der sie sich damals voller Sehnsucht, Ungestüm und Zuversicht entschloss, die größte, abenteuerlichste und in jeder Hinsicht gefährlichste Reise, die es für den Menschen gibt: Die Reise zu sich selbst. Als Mensch wird man geboren, zu einem Individuum aber, mit allem, was dieses auszeichnet, muss man erst werden, dies will – als Trophäe des Lebens - errungen sein. Der Abschnitt, der zu diesem Zeitpunkt nun hinter ihr lag, war daher ebenso eine Heldenreise gewesen wie ein Kampf, der sämtliche Erfahrungen und Geschehnisse ihres bisherigen Lebens umfasste, und hinter dem nun – zusammen mit dem übergeordneten Sinn des Ganzen – etwas Durchgängiges aufzuleuchten begann; weniger ein roter Faden, wie Lea früher meinte, eher ein goldener oder leuchtender, der inzwischen das ganze Gewebe ihres Lebens durchwirkte. Etwas Ewiges, Transzendentes schimmerte jetzt an allen Stellen hindurch, wie Licht durch ein löchrig gewordenes Kleidungsstück: ihr Zentrum, ihr Ursprung, das Selbst. Waren Erleuchtung, Erwachen somit nichts anderes als einfach nur dieses Durchsichtig-werden seiner selbst?

Und während sie noch hierüber nachdachte, fiel Lea auf, dass sie in letzter Zeit, in etwa seit dem beginnenden Winter, ein äußerst angenehmes Gefühl dem Leben gegenüber verspürt hatte, eine Art innerer Freiheit und Drang, das Leben vorbehaltlos anzunehmen, so wie es gerade kommt. Darüber waren Stille und innere Ruhe eingekehrt, einfach nur hinzuspüren, was das Leben von ihr will. Das war sehr, sehr schön und beruhigend und gab ihr das Gefühl, wieder an ihre besten Zeiten von früher anzuknüpfen, an damals, bevor sie krank geworden war. Und Lea dachte daran, dass doch auch alles, was sich im Leben ereignen und entfalten soll, auf einer anderen Ebene längst schon vorhanden ist, und ihre Aufgabe von nun an womöglich allein darin bestünde, neugierig und bedingungslos den jeweiligen Hinweisen des Lebens zu folgen. Nichts mehr auszublenden, nichts zu erzwingen, nichts zu wollen, nichts abzulehnen, einfach das ganze Leben zu leben – *das volle Leben.* Und sie nahm sich vor, von nun an selbst die unscheinbarsten Bruchstücke desselben wie Kostbarkeiten zu sammeln, wie die einzelnen Noten einer noch zu komponierenden Melodie – irgendwann würde ein Lied daraus.

Wie viele Wandlungen hatte sie hinter sich, wie viele Umbrüche, Abstürze und Aufstiege, allein in diesem einen Leben?! Und jedes Mal wurde ihr Ich oder ihr Bild von sich zerstört, jedes Mal war sie einen inneren Tod gestorben, sich selber hinweg gestorben, aber jedes Mal auch wieder aus der Zerstörung aufgetaucht. Mit jedem dieser Tode war nicht nur ihr altes und offensichtlich überlebtes Ich untergegangen, sondern mit ihm eine ganze Welt, ihre ganze bis dahin vertraute Welt. So viele Himmel hatte Lea durchlebt, so viele Höllen durchlitten, nicht nur in diesem, sondern im Laufe all ihrer bisherigen Leben, bis hin zur Apokalypse, nach der jetzt am inneren Horizont ihres Bewusstseins die Morgendämmerung aufstieg.

Als Kind hatte Lea über Jahre hinweg unter einem regelmäßig wiederkehrenden Alptraum gelitten: Sie befand sich im Fahrstuhl des Mietshauses, in dem ihre Familie damals lebte, welcher nach unten fuhr, Richtung Erdgeschoss, wo er jedoch nicht hielt, sondern sich noch weiter nach unten bewegte, durch den Keller hindurch, tiefer und tiefer in die Erde hinein, an Stockwerken vorbei, die es in Wirklichkeit längst nicht mehr gab. In der zweiten Variante desselben Traums fuhr der Aufzug nach oben statt nach unten, an der fünften Etage vorbei, in der sie wohnten, übers oberste Stockwerk hinweg, wo er das Dach durchbrach und weiter und weiter hinaufstieg in den Himmel. Und Lea war abwechselnd in der tiefsten Tiefe wie in der höchsten Höhe vor kindlichem Entsetzen schreiend aufgewacht. Ja, und genau so war ihr bisheriges Leben dann auch verlaufen: zu weit nach oben gestiegen, zu tief hinabgestürzt!

Nun aber, zu sich selbst erwacht, lag alles Entsetzen hinter ihr. Von jetzt an, und das spürte Lea ganz genau, brauchte sie nur noch dem Ruf ihres Selbst zu folgen, sich zur Gänze und mit allem Gehorsam der inneren Fügung anzuvertrauen. Der Kampf war überstanden, Frieden und Stille eingekehrt, sowie die absolute Gewissheit, dass alles, was von jetzt an geschehen würde, ihrem höchsten Wohle diente und ihrem tiefsten Glück. (Das war auch früher schon so, nur hatte sie das Glück hinter seiner Maske des Schreckens nicht erkannt.) Das Beste, so dachte Lea, kommt eben tatsächlich immer zum Schluss.

4

So lange Lea denken konnte, war sie eine Suchende gewesen, das fing schon in der frühesten Kindheit an. Aus den allerersten Lebensjahren erinnerte sie eine tiefe Geborgenheit, im Zusammenhang mit der sie über eine – damals noch völlig unbewusste – aber immerhin schon eine Art inneren Begriffes verfügte, dass es so etwas wie das Weltall gibt. Fühlte dessen Weite und das Verschmelzen damit, ein sicheres, seliges Darin-Aufgehoben-Sein, sodass sie es für ihre wahre Heimat hielt. Dann aber, eines furchtbaren Tages, hatte jemand die Sterne aus ihrem Haar gepflückt und an einen fernen Nachthimmel gebannt, von da an schien ihr das Weltall kalt und leer. Und so machte Lea sich voller Sehnsucht und Heimweh auf, ihre Sterne wiederzufinden und mit ihnen das verlorene Paradies. Heimweh wurde das erste und stärkste Gefühl ihres Lebens.

Von besagter Wohnung in dem mehrstöckigen Mietshaus aus, in dem sie mit ihrer Familie damals lebte, konnte man die Sterne nicht sehen, denn der Nachthimmel wurde von den Lichtern der Großstadt verdeckt. Zwei oder drei Mal im Jahr aber fuhr ihre Mutter mit ihr und der älteren Schwester in Kurzurlaub. Dann brachte der Vater sie alle im Auto frühmorgens, noch zu nachtschlafender Zeit, zu ihrem Urlaubsziel, eine Fahrtzeit von über drei Stunden. Und dort, endlich, in dem alten grauen VW Käfer, quer auf der Rückbank liegend, die Beine über den Knien der Schwester und den Hals zum Seitenfenster hingestreckt, da konnte Lea die Sterne wiedersehen, ihre heiß geliebten Sterne. Und sie war ungefähr acht Jahre alt, als sie sich bei einer dieser Fahrten schwor, erst dann zu sterben, wenn sie „das alles" - womit sie nichts Geringeres als das gesamte Weltall meinte – verstanden habe. Noch nicht ahnend, dass das, dem ihre ganze Sehnsucht galt, und für das das Weltall mit seinen Sonnen, Monden und Sternen als Symbolik steht, nichts anderes war als jenes dem Menschen so unfassbare Numinose, diese ewige Allmacht – manche nennen sie: Gott.

Mit achtzehn hatte Lea einen Traum: Sie sah das Große Schwarze Nichts, wie es mit jähem Riss ein Weltall aus sich gebar. Daraufhin fing sie an zu malen, und es gab für sie nur ein Motiv, dafür in zig Variationen: das All. Der Kosmos mit seinen Sternen und Galaxien, mit seinen Supernovae und schwarzen Löchern, von deren riesigen Mäulern alles, sich strudelnd drehend, ewig hungrig aufgesogen wird. Das Universum als Aquarell, in Acryl und in Öl, mit Seidenmalfarben auf Schals und Kissenhüllen gezaubert, die ganze Verwandtschaft wurde damit beglückt. Voller Inbrunst wandte Lea sich ihm zu, in instinktiver Gewissheit, dass das Universum ihr eines Tages die Lösung der so rätselhaften irdischen Existenz offenbaren würde.

Mitte Zwanzig folgte ihre feministische Phase, Lea begann zu tanzen: Trancetanz und schamanistische Trancehaltungen in Frauengruppen. Die damit einhergehenden veränderten Bewusstseinszustände faszinierten Lea anfangs sehr und linderten ein wenig ihr wundes Heimwehherz, denn sie ließen sie erleben, dass es noch andere Zustände gab als die oft so öde Alltagsrealität. Mit der Zeit erschienen Lea diese schamanistischen Rituale und Tänze zu Trommeln und Rasseln dann aber doch zu rückwärtsgewandt, wie eine Regression in ziemlich archaische Regionen des Bewusstseins, und sie, Lea, strebte doch nach vorn!

Mit Dreißig fing sie dann an zu lesen und verschlang, auf ihrer anhaltenden Suche nach dem Sinn menschlichen Lebens, nach und nach alles, was der damals frisch aufkeimende spirituelle Markt zu bieten hatte: Kabbala, Numerologie und Tarot, Astrologie, christliche und jüdische Mystik, Sufismus, später Buddhismus und Zen. Mit Mitte Dreißig – endlich – wurde sie fündig, indem sie auf die Schriften von Jean Gebser, Teilhard de Chardin und, allen vorweg, Sri Aurobindo, und das große Thema der Evolution des

Bewusstseins stieß. Sie hatte damit, nun immerhin schon mal, ihre geistige Heimat gefunden.

Erst viele Jahre später wurde Lea bewusst, dass insbesondere Sri Aurobindo mit seiner alles umfassenden Evolutionsphilosophie und Kosmogonie die großartige Leistung vollbracht hatte, jene Weisheit, die so alt ist wie die Menschheit oder gar so alt wie die Welt, und die dem Menschen von seinen frühesten Anfängen an in Form von Mythen, Gleichnissen und inneren Bildern mit auf den Weg gegeben worden war, in eine moderne Sprache zu übersetzen und den geheimnisvollen und oft unverständlichen Symbolen und Bildern ihren tieferen Sinn und die ihnen innewohnende leuchtende Wahrheit zu entlocken. Das, was Sri Aurobindo als „Evolution des Bewusstseins“ bezeichnete, war, wie Lea begriff, somit nichts anderes als ein der heutigen Zeit gemäßer Ausdruck jenes Mythos, den man nahezu überall auf der Welt kennt: die große Reise des Menschen von der Sterblichkeit zur Unsterblichkeit, der Weg seiner Seele aus der Dunkelheit ins Licht. Er hat damit eine Ewige Wahrheit aufgedeckt, die Zeitalter und Kulturen umspannt.

5

Einsame

Hauch aus Wind,
wirst zum Kind,
das zur Erde fällt:
ein Same des Ewigen.

Ein-Same,
die du
zwischen deinen Händen
den Regenbogen
entfachst.

6

Auf den indischen Philosophen und Weisen Sri Aurobindo, der als der bedeutendste Dichter und Denker des modernen Indiens gilt, war Lea auf höchst merkwürdige Weise gestoßen, oder vielmehr er zu ihr. Sie hatte sich zum damaligen Zeitpunkt, Mitte Dreißig, so ziemlich mit allem Spirituellen befasst, welches irgend verfügbar war, nur mit Yoga und indischer Philosophie noch nicht. Eines Nachts träumte sie dann nichts weiter als nur ein einziges Wort, das beim Aufwachen jedoch ebenso aufwühlend wie unauslöschlich in ihr widerhallte: „Aurobindo“: Sie hatte nicht die geringste Ahnung, dass es sich dabei um einen Namen handelte, geschweige denn um *den* Namen, der sie für den Rest ihres Lebens prägen sollte, wunderte sich nur über dessen hartnäckige Penetranz, so wie man mitunter einen Ohrwurm in sich trägt, welcher einfach nicht von einem lassen will. Wenige Tage später kaufte Lea sich ein Buch und entdeckte beim Durchblättern der letzten Seiten, dort, wo sich in der Regel die Werbung des jeweiligen Verlags befindet, den Hinweis auf ein anderes Buch mit dem Titel „Sri Aurobindo oder das Abenteuer des Bewusstseins“ von einem französischen Autor namens Satprem. Da traf sie fast der Schlag. Und es sollte noch verrückter kommen! Natürlich bestellte sie sich umgehend besagtes Buch und stürzte sich mit vor Aufregung flatternden Fingern darauf. Alles, was Lea dort las, war wie aus ihrer eigenen Seele geschrieben, alles, was sie las, machte Sinn, den höchsten und umfassendsten Sinn, den sie bis dahin je gefunden hatte, und allein schon dieses Buch beantwortete ihr nahezu ihre sämtlichen Fragen zum Sinn, Zweck und Ziel menschlichen Lebens auf Erden.

Lea hatte das Buch gut bis zur Hälfte verschlungen, als sie, wenige Tage darauf, auf der Geburtstagsfeier einer Freundin, Philipp begegnete, ihrem späteren zweiten Ehemann, welcher ihr, prompt in sie verliebt, sogleich näher rückte. Das Einzige aber, was er von ihr wissen wollte, als sie sich wenige Tage später erstmals verabredeten, war, ob sie Sri Aurobindo kenne. Da traf sie zum zweiten Mal fast der Schlag. Er, Philipp, so teilte dieser ihr mit, habe nämlich für sich beschlossen, nur mit einer solchen Frau überhaupt noch einmal eine Beziehung einzugehen – denn er hatte schon einige hinter sich -, die bereit sei, sich gemeinsam mit ihm auf den von Sri Aurobindo beschriebenen Weg der gezielten Selbstwerdung und Bewusstseinsentwicklung zu begeben. Nun, so stand ihrer Partnerschaft also nichts im Weg...

Philipp war Allgemeinmediziner mit einer privatärztlichen Praxis und hatte sich von Anfang an auf Homöopathie spezialisiert. Seine Praxisräume waren in anthroposophischen Farben gestrichen, und schon beim Betreten des Eingangsbereichs wurde der Patient mit den fein vernebelten natürlichen Aromen einer Duftlampe begrüßt. Darüber hinaus war Philipp klug, witzig und charmant und stellte sich, genau wie Lea, die letztlich einzig wichtige Frage im Leben eines Menschen, jene große des „Woher, Wohin und Wozu." Auf der Suche nach Antworten war Philipp so ebenfalls auf die Evolutionsphilosophie und deren praktische Umsetzung von Sri Aurobindo gestoßen, das Thema, das Lea und Philipp von da an einte. Und auch vom Äußeren her gefiel Philipp Lea gut, selbst der leichte Bauchansatz und seine frühe Glatze, über die Philipp selbst sich maßlos ärgerte, während Lea mit sichtlichem Behagen und wohligem Schnurren über sie und den letzten hellbraunen Flaum strich, der mit seiner Weichheit eher dem eines Kinderköpfchens glich. Es hätte, so dachte Lea damals, nicht besser kommen können. Dass Philipp ein innerlich zutiefst Verwundeter war, mit einer Spaltung seiner Persönlichkeit, die keiner auf Anhieb sah, und etwas Unheimliches, Unberechenbares in ihm wohnte, ahnte Lea – trotz ihres ansonsten psychologisch geschulten Blickes - damals noch nicht; in ihrem Fall machte die Liebe tatsächlich blind.

Heute, in gereiften Jahren und vom Leben und Leiden abgeklärt, konnte Lea nur den Kopf schütteln über ihr gemeinsames Ungestüm, über die ungeheure Naivität, mit der sie beide sich damals blindlings ins Abenteuer stürzten. Es hatte Lea drei Mal um ein Haar das – in diesem Fall physische - Leben gekostet.

Nach dem Entdecken der Schriften Sri Aurobindos stieß Lea auch auf die von Jean Gebser und Teilhard de Chardin, die sich letztendlich um dasselbe Thema drehten, nur das eine Mal eher aus indisch-östlicher, das andere Mal aus westlicher Sicht dargelegt. Der Grundgedanke der drei Philosophen, der Lea so außerordentlich faszinierte, war der, dass sich der ganze Kosmos in Entwicklung befinde, die ganze Schöpfung mit all den in ihr lebenden Wesen in Bewegung sei, hin zu ihrer eigenen Vollendung: der Offenbarung des Göttlichen hier in dieser Welt. Teilhard de Chardin bezeichnete dieses höchste Ziel, in dem die „Idee“ des Kosmos zu ihrer unfehlbaren Erfüllung komme, als „Omega-Punkt“. Dies bedeutet, dass bei dieser Vollendung das so lange in den Formen der

Schöpfung verborgene Göttliche aufzuscheinen beginnt und sich durch seine – transparent gewordenen - Formen hindurch zu erkennen gibt. Sri Aurobindo nannte dieses abschließende Stadium der derzeitigen irdischen Evolution „die Verwirklichung des Göttlichen in der Welt“, im Christentum sei es als die „Herabkunft des Himmelreichs auf Erden“ bekannt.

Nach Teilhard de Chardin und Sri Aurobindo gibt es im ganzen Universum nur eine einzige Energie, die sich sowohl physisch-materiell als auch psychisch oder spirituell ausdrücken könne, sodass Geist und Materie die beiden Enden eines einzigen Bewusstseinskontinuums seien, ergo ohne trennende Kluft dazwischen. Während alle anderen Lebewesen im Kosmos sich allerdings nur unbewusst weiter entwickeln könnten, was bisher stets mit einer Evolution der Formen einhergegangen sei, habe der Mensch als erstes Lebewesen die Chance, sich bewusst weiter zu entfalten, das heißt, mit seinem gezielten Willen diese immense Bewegung des Kosmos zu seiner Vollendung hin zu unterstützen. Bei Jean Gebser fand Lea sogar die Aussage, dass jeder in der heutigen Zeit lebende Mensch nicht nur „Zeuge“ sei, sondern zugleich „Werkzeug“ der im Universum jetzt heraufdämmernden neuen Wirklichkeit und sich daher dringendst die Mittel erarbeiten müsse, um diese neue Wirklichkeit aktiv mitzugestalten.

Dieser Gedankengang hatte Lea damals sofort zutiefst ergriffen: dass der Mensch daran mitwirken könne, ja mitwirken dürfe, die Schöpfung zu vollenden! Ja, wenn das so war, dann machte die menschliche Existenz auf Erden Sinn, und es bestand darüber hinaus die große Chance, das Weltall in sich wiederzufinden und mit dem Weltall die tiefe Geborgenheit darin mit ihrer überströmenden Glückseligkeit. Und es gab für Lea, von dem Moment des Begreifens dieser immensen Zusammenhänge des Lebens an, keinen größeren Lebenssinn mehr. Beim Menschen stehe, nach Ansicht der drei genannten Philosophen, somit die Evolution des Bewusstseins, das heißt, die permanente Umwandlung in ein immer höheres Bewusstsein – und nicht mehr die der Formen - im Vordergrund. Diesen Weg der gezielten und beschleunigten Bewusstseinsevolution nannte Sri Aurobindo „Integralen Yoga“, wobei der Begriff „Yoga“ von seinem etymologischen Ursprung her „Rückanbindung an das Göttliche“ meint. Für einen Menschen, der sich *einmal* bewusst für diesen Weg entscheide, nunmehr ein Pilger des Lichts - dies hatte auch Lea am eigenen Leib erfahren - gäbe es kein Anhalten mehr, kein Veto später mehr einzulegen. Denn dieser Weg sei eine Reise ohne Wiederkehr, eine Reise, die unaufhaltsam ihrem Ziel entgegenwallt, über welch verschlungene Pfade, Umwege oder Abkürzungen auch immer.

Hätte Lea damals, als junge und so ungestümstürmische, von der Sehnsucht nach dem All-Einen, ihrem Heimweh und der Suche nach dem Sinn des Lebens getriebene Frau, gewusst, was sie erwartet, sie hätte nie und nimmer „ja“ gesagt. Nun aber lagen alles Schlimme und aller Schrecken hinter ihr. Das Leben hatte sie mit seiner ganzen Härte geschmiedet, Ereignisse waren mit schier ungeheuerlicher Macht über sie hinweggerollt, sie hatte lernen müssen, all dem Stand zu halten, in ihrem innersten Wesen fest und fester zu werden, zugleich immer plastischer auf die Stürme des Lebens zu reagieren. Und Lea hatte es geschafft, hatte alles heil überstanden, wie durch ein Wunder! Sie fühlte sich wie ein Stück Kohlenstoff, das über Jahrtausende hinweg in den Tiefen eines Gebirges ruhte, dem Druck unfassbarer Gewalten ausgesetzt, bis es, zutiefst gewandelt und verklärt, das Licht der Welt erblickt: als Diamant, in dem, sich zigfach widerspiegelnd, das Feuer der Sonne entflammt.

7

Wenn es Licht wird

Leg Deine Hand mir,
wie einem fiebernden Kind, auf die Stirn.
Damit ich Dich erspüren kann.

Forme mich,
gib mir Gestalt, Kontur.
Damit ich mich in Deiner Weite nicht verlier.

Dann tritt mir gegenüber,
sei der Andere, das Leben, der Tod.
Damit ich Dich erfahren kann.

Doch halt mich fest, ganz feste,
wenn die Finsternis kommt
und ihr schwarzer Drache mich zu verschlingen droht.

Du warst meines innersten Wesens Schmied,
von allen Feuern Deiner Liebe
ward ich gebrannt.

Du warst mein Folterknecht, Dein eigner Verleumder,

der Widersacher in mir,

doch ich habe Dich hinter all Deinen Masken erkannt.

Du warst der Lotse meiner Seele in der Nacht,

jetzt erwach´ ich mit dir, in dir –

zu einem niemals mehr endenden Tag.

Oh, schau nur, am Horizont dort drüben:

– der Morgenstern erwacht!

8

Von der ganz praktischen Seite her betrachtet, bestand der Weg der Wandlung, den Lea bisher gegangen war, obwohl sie ihn angesichts ihrer schweren Erkrankung längst für gescheitert hielt, ja, vorübergehend sogar völlig vergessen hatte, zunächst in nichts anderem als einer umfassenden, fast unaufhörlichen Läuterung der eigenen Persönlichkeit. Der Weg beginnt, für jeden, der ihn beschreiten will, mit der Einsicht, dass es, tief verborgen in dem noch tierhaften Körper, in dem der Mensch lebt, eine göttliche und damit unsterbliche Seele gibt und der Mensch in seinem tiefsten Wesen mit dieser Seele aus Feuer und Licht identisch ist und nicht mit seinem physischen Körper. Aber die Seele muss aus diesem Körper und ihren ganzen Verstrickungen in unbewusste Prozesse erst frei gelegt werden. Nach dieser „Initialzündung“ der Einsicht wird der ganze Bereich des Unter- und Unbewussten nach und nach ans Licht des Bewusstseins geholt, betrachtet, gereinigt und gewandelt, bis der Mensch so durchlässig geworden ist, dass das höchste Licht ungehindert bis zum tiefsten Grund hindurchscheinen kann und das dort schlummernde Licht aus seinem Schlaf erweckt. Und das, was man einst voller Entsetzen für den Abgrund hielt, offenbart sich als der tragende Urgrund von allem. So schließt sich der Kreis, der Mensch hat sich selbst, sein Selbst – das zugleich das eine Selbst in allen ist –, (wieder)gefunden, und sein Leben setzt sich von da an auf einer neuen Ebene fort, mit einem neuen Bewusstseinszustand und in einer neuen Welt. Denn jedes Mal, wenn individualisiertes Bewusstsein sich umfassender erkennt, sich weitet in den Kosmos hinein, tauchen an seinem Horizont nicht nur neue, innere Sinne auf, sondern, zusammen mit diesen, auch völlig neue Welten.

Der Weg dorthin aber ist holprig, voller Gefahren und schwer. Nie hätte Lea geglaubt, dass sie jemals so viel Leid hätte ertragen können, wobei es sich für sie so anfühlte, als lauerte hinter jedem einzelnen Leiden des jetzigen Lebens das angestaute Leid all ihrer Leben zuvor, und als sei ein barmherzig schützender Schleier schon zu durchlässig geworden, um diese gesammelte Wucht noch länger zu verbergen. Andererseits war Leas Weg auch immer wieder von Freude und Leichtigkeit durchzogen gewesen, von beachtlichen Fortschritten und Momenten der Glückseligkeit sogar, diese hatten ihr die Kraft gegeben, sich unermüdlich weiter durch den Dschungel der Finsternis hindurch zu kämpfen.

Wenn sie es recht überlegte, hatte nicht nur ihre Suche, sondern auch ihre große Reise im Grunde schon in der Kindheit begonnen. Lea war gerade einmal elf Jahre alt, als sie anfing, über sich und ihr Verhalten nachzudenken. Zu dieser Zeit stellte sie eines Tages zu ihrer Überraschung fest, dass es in ihr so etwas wie Hintergedanken gab: gehässige Motive, kleine Schwindeleien sowie recht geschickte Manipulationsversuche, eine Situation bereits im Vorfeld zu ihren Gunsten zu entscheiden. Als sie sich dessen bewusst wurde, schämte sie sich sehr und begann von da an, sich und ihre Motive, so gut dies einem kindlichen Gemüt eben gelang, zu prüfen und unlautere Beweggründe auszusortieren. Noch viel größer aber war ihr Erstaunen, als sie einige Zeit später feststellen musste, dass sie diese Selbsthinterfragung, die für sie bald zu einer Selbstverständlichkeit geworden war, bei den Erwachsenen, speziell ihren Eltern, die doch eigentlich die viel Älteren waren, vollends vermisste. Aber sie liebte ihre Eltern – auch wenn sie diese nie so ganz für ihre wirklichen hielt und sogar den Verdacht hegte, es sei in dieser Hinsicht bei ihrer Geburt etwas Gravierendes schiefgelaufen - und so sah sie es ihnen nach, denn diese waren wohl viel zu sehr in die Sorgen des Alltags verstrickt, als auf die Idee zu kommen, zwecks Selbstreflektion hier und da mal innezuhalten. Zu dieser Zeit nahm Leas Berufswunsch Gestalt an, Psychologin zu werden, wahrscheinlich, um stellvertretend für die anderen deren Verhalten und Hintergründe des Lebens zu erforschen.

So kam es, dass sie mit sich selbst in der Regel hart ins Gericht ging, die anderen hingegen verschonte, ihnen voller Verständnis begegnete und nahezu alles verzieh. Hätte sie dies nicht getan, wäre ihr nämlich sehr bald bitterlich bewusst geworden, welch Sonderling sie in Wirklichkeit in ihrem sozialen Gefüge war. Dann hätte diese fröstelnde Einsamkeit sie wieder angekrochen und mit der Einsamkeit das noch unerträglichere Heimweh und mit dem Heimweh das Entsetzen, am völlig falschen Ort und bei den falschen Eltern gestrandet zu sein, und all das hatte sie doch ganz tief in sich drinnen vergraben.

Vermutlich war es diese tiefe Angst vor der Einsamkeit und dem damit verbundenen Schmerz, dass Lea – zumindest im privaten, ganz persönlichen Bereich - auf eine gewisse Weise in ihrem Wesen Kind geblieben war. Vom äußeren Verhalten her war sie gezwungen, früh, viel zu früh, erwachsen zu werden. In ihrem Wesen aber war sie von unglaublicher Gutmütigkeit, Großzügigkeit und einer an Idiotie grenzenden Naivität, jederzeit bereit, wieder und wieder an das Gute im Menschen zu glauben. So hatten andere ein leichtes Spiel mit ihr, und man hatte ihr übel mitgespielt. Es war so leicht, Lea über den Tisch zu ziehen. Denn da, wo andere sprichwörtlich den Splitter im Auge ihres Gegenübers sehen, den Balken im eigenen Auge hingegen nicht, entschuldigte Lea jeden noch so großen Balken im Auge des Andern und schaltete postwendend ihre Selbstprüfung ein, um nach einem möglichen Gegenstück in sich selbst zu fahnden. Für welches sie dann prompt Verantwortung mittels der Überzeugung übernahm, dass ja nur ein Blindfleck bei ihr, eine Schattenseite in ihrem eigenen Wesen, die Ursache sein konnte für die Missetat des Anderen, denn sonst wäre ihr diese schließlich ja nicht widerfahren. Mit anderen Worten: Für das Vergehen eines Anderen trug sie die Schuld. Nie wagte sie es, Vorwürfe zu machen, geschweige denn jemanden zur Rechenschaft zu ziehen, hielt stattdessen, wenn man sie auf die rechte Wange schlug, gleich noch die linke hin. Es dauerte ewig und kostete sie fast das Leben, bis sie endlich lernte, sich zu wehren. Der Vorteil eines solch lebenslangen Sich-selbst-Hinterfragens ist allerdings, dass man sich selbst so oft und so lange durchschaut – denn so verkehrt war Leas Vorgehen andererseits wiederum nicht - bis man sich selber durchsichtig geworden ist, und ebenso durchsichtig, durchlässig wie man selbst, wird dann auch die Welt.

9

Überhaupt hatte Lea während ihrer Berufsausübung als Psychotherapeutin später oft gedacht, dass ein psychisch Kranker viel mehr Chancen hat, zu einem Individuum heranzureifen, als ein scheinbar Gesunder oder gar die allzu Selbstzufriedenen, Satten. Auch wenn ihre Klienten, die unter Angstzuständen, Depressionen, Zwängen und sonstigen Beschwerden litten, zunächst in der Regel nur deshalb zur Behandlung kamen, um die so lästigen Symptome loszuwerden, stellte sich doch stets bald die Frage nach dem Sinn, das heißt, welche Ursachen dem zugrunde liegen, dass ein Mensch überhaupt psychisch erkrankt. Denn schließlich waren die psychischen Störungen meist damit verbunden, dass die Betroffenen nicht nur unter bestimmten Symptomen litten, sondern auch den Glauben an sich und ihr Vertrauen ins Leben verloren hatten. Vor allem dadurch, dass sie Erfahrungen ausgesetzt waren, deren Bedeutung sie nicht verstanden, was eine massive Verunsicherung sich selbst und dem Leben gegenüber nach sich zog.

Lea bedauerte es dabei sehr, dass auch in der Psychologie, zumindest in der Verhaltenstherapie, in der sie ausgebildet war, mehr auf die Symptome geachtet wurde als auf deren Bedeutung im Gesamtgefüge „Mensch und Leben“. So wird der Mensch, wie sie fand, selbst in der Psychologie, die sich doch eigentlich als „Lehre von der Seele“ versteht - aber die Seele lässt sich rein wissenschaftlich eben nicht erfassen

–, zerstückelt und zerteilt, wie schon sein Körper von der Schulmedizin, in der es für nahezu jedes Organ einen eigenen Spezialisten gibt. „Empirisches“, wissenschaftliches Vorgehen heißt, eine Einheit in Einzelteile zu zerlegen, diese dann fein säuberlich zu klassifizieren (am besten mit lateinischen oder englischen Begriffen) und Regeln aufzustellen, wie diese Einzelteile funktionieren. Dann werden die so analysierten Einzelteile wieder zusammengesetzt, in der Hoffnung, diesen so sezierten „Gegenstand“ damit ausreichend erforscht zu haben - aber das Ganze ist eben weit mehr als lediglich die Summe seiner Teile. Es wird nach dem „*Wie*“ gefragt, aber nicht nach dem „*Warum*“. Und so setzt sich, wie Lea fand, die Entfremdung des Menschen von seinem Körper und dessen Prozessen durch eine einseitig verstandene Psychologie mit einer Entfremdung von seiner Seele fort - und damit seine Ohnmacht und Gespaltenheit. Basierend auf einem somatischen Krankheitsmodell werden Körper und Seele wie ein defektes Auto zum Spezialisten zur Reparatur gebracht, zum „Seelenklempner“, damit sie danach wieder möglichst reibungslos funktionieren. In einer Gesellschaft, die den Menschen als Zufallsprodukt eines gleichgültigen Universums versteht und menschliches Bewusstsein als nicht minder zufälliges Nebenprodukt seines Gehirns, ist, davon war Lea überzeugt, anderes vermutlich auch nicht zu erwarten.

Lea betrachtete dieses Thema daher gerne einmal von einer anderen Seite her: Ist nicht womöglich jemand, so fragte sie sich, der *in* einer und *an* einer solch atomisierten Welt, die so jeglichen Bezug zum Ganzen verloren hat, „psychisch" erkrankt, eigentlich nicht noch am besten dran? Gerade weil seine Symptomatik ein Indiz dafür ist, dass es in ihm noch eine tiefere und weisere Instanz gibt, die sich der Anpassung an solch Sinn entleerte Umstände verweigert? So betrachtet könnte jegliche psychische Störung oder Erkrankung doch zu einem Wendepunkt im Leben werden und zu einer großen Chance für ein wirkliches Heil-Werden des betreffenden Menschen. Denn, so fragte sich Lea, worum geht es eigentlich im Leben, und wer fragt überhaupt noch nach wahrem Glück und Sinn? In einer Welt, in der die dröhnende innere Leere mit unablässigen Betäubungen aller Art zum Schweigen gebracht wird, man Sehnsüchte in Süchten erstickt und Glück nur noch als kurzfristige Ersatzbefriedigungen, Konsumrausch oder als Ausagieren von Machtgelüsten kennt, haben die meisten sich erschreckend weit vom wirklichen Menschsein entfernt.

Der Grund für diese gesellschaftliche Tragödie ließ sich Leas Ansicht nach leichter nachvollziehen, wenn man sich vergegenwärtigte, dass die Entwicklung des Ichs, jenes oberflächlichen Teils der Persönlichkeit, mit dem der Mensch sich üblicherweise identifiziert, mit etwa sieben Jahren im Wesentlichen als abgeschlossen gilt. Die Inhalte dieses Ichs mögen sich im Laufe der Jahre noch ausdehnen, aufblähen, verfeinern; ein wirklicher innerer Reifungsprozess erfolgt in der Regel jedoch nicht. Sein Leben im Bewusstseinsstand eines groß gewordenen - „erwachsen" kann man das ja nicht nennen – Siebenjährigen zu fristen, ist doch allerdings ein armseliges Leben, wie Lea fand. Und was in und mit einer Welt geschieht, in der unentwickeltes Bewusstsein auch noch zu Macht gelangt, konnte man tagtäglich in den Nachrichten sehen... Tausend und eine Facette – ein und dasselbe Grundproblem. Unbewusstheit, das hatte Lea damals bei dem französischen Autor Satprem gelesen und es hatte sie völlig überzeugt, ist die eigentliche Krankheit der Welt. Denn wenn man sich vergegenwärtigt, dass der größte Teil menschlichen Handelns, Fühlens und Strebens somit auf – in die Unbewusstheit zurückgesunkenen – kindlichen Motiven beruht, begreift man mit Erschrecken, wie abhängig und manipulierbar die Menschen sind. Fremdbestimmt lebenslänglich. Und das Allerschlimmste war Leas Meinung nach: dies noch nicht einmal zu bemerken!

Da war eine Störung im Getriebe doch gar nicht so schlecht. Denn das, was der einzelne Mensch wirklich ist, seine wahre Persönlichkeit, sein Wesen, will erarbeitet, muss erst hinter allem Falschen, Angepassten, Verbogenen herausgeschält werden. Freiwillig aber tut man das in der Regel nicht. Diese wahre Gestalt heranreifen zu lassen, sich seiner selbst bewusst zu werden, des Selbst tief im eigenen Innern, betrachtete Lea als die eigentliche Lebensaufgabe des Menschen, als dessen Lebensziel und -sinn. Der große Tiefenpsychologe Carl Gustav Jung nannte diesen Reifungsprozess den „Prozess der Ganzwerdung“ oder „Individuation“, der ebenfalls eine evolutionäre Entwicklung zugrunde liegt. Diese gibt dem Leben und Wachsen des Menschen einen Sinn gibt, eine Richtung und ein Ziel: sich selbst wie einen Sieg zu erringen, als Ernte eines wirklich gelebten Lebens.

10

Ereignisse werfen ihre Schatten voraus – und nicht nur die großen! Allen Erfahrungen, denen ein Mensch sich zu stellen hat, geht – so wurde Lea dieser Tage in aller Deutlichkeit bewusst - ein Einzelereignis voraus, das wie in einem Keimzustand schon alles, was in den Tagen und Wochen danach geschehen wird, komprimiert und in seiner ganzen Fülle in sich enthält. Die Qualität der Geschehnisse ist in dieser Ur-Situation gewissermaßen schon eingefaltet und breitet sich nach und nach im quantitativen Verlauf der Zeit dann aus, denn eine jegliche Idee strebt nach ihrer Verwirklichung und Vollendung. Mit diesem Ursprungsereignis findet somit der Startschuss für die Geschehnisse statt, die sich daraufhin in Zeit und Raum auf die ihnen gemäße Weise entwickeln. Und sie währen so lange und wiederholen sich so oft in den verschiedensten Varianten, bis der betreffende Mensch ihre Botschaft versteht. Wie schade, dass so oft der Blick dafür fehlt, das Leben wäre ein viel Leichteres.

Lea kam als Beispiel für ihre These sogleich der Aufzug-Alptraum ihrer Kindheitstage in den Sinn, der in seiner beklemmenden regelmäßigen Wiederkehr den Verlauf des größten Teils ihres Lebens vorwegnehmen sollte. Als weiteres frappierendes Beispiel fiel ihr der Tag ihres ersten Rendezvous mit Philipp ein. Sie war an jenem Tag morgens noch einkaufen gefahren, als an einer Kreuzung ein Mann in einem weißen Auto ihr Fahrzeug rammte, sich schnurstracks aus dem Staub machte, womit er somit Fahrerflucht beging. Lea blieb zurück, allein und mit gebrochener Achse am Wagen. Wäre das Auto des Mannes doch nur nicht weiß, sondern schwarz gewesen, am besten noch ein tiefer gelegter Wagen mit extra breiten Reifen, da, ja da wäre sie doch hellhörig geworden! Dann hätte sie wahrscheinlich gleich kapiert, dass jemand dabei war, ihr „an die Karre zu fahren", sich aus dem Staub zu machen und sie auf dem Schaden sitzen zu lassen. Aber die Farbe Weiß war für sie damals leider noch mit einer eindeutig positiven Bedeutung belegt – sie hatte bis dahin eben noch nie die Erfahrung mit einem Wolf im Schafspelz gemacht!

Und genau so, wie es diese nur Minuten währende Sequenz wie ein Gleichnis schon verriet und vorwegnahm, endete dann, viele Jahre später, auch ihre Beziehung zu Philipp: Lea blieb allein zurück, nach zwei Psychosen in ihrer Persönlichkeit zerstört, und wie ihr Auto damals, in ihrer Achse zwischen Ich und Selbst zerbrochen. Vom Ehemann, der sich doch einst wie sie mit den hehrsten Idealen dem Göttlichen anheimgegeben hatte, ein inzwischen recht wohlhabender Mediziner war, um einen hohen fünfstelligen Geldbetrag bestohlen, selbst ihre Unterschrift hatte er, wie Lea später von einem vereidigten Graphologen bestätigt bekam, zu seinen finanziellen Gunsten während ihrer Klinikaufenthalte gefälscht. Wer hätte das gedacht? Nun aber hatte Lea immerhin gelernt, dass Weiß auch eine Tarnung sein kann, um das Schwarze, Finstere darunter zu vertuschen.

Dass solche Initialerfahrungen im Keim schon den späteren Verlauf der Geschehnisse in sich enthalten, war Lea aus der wachen Alltagsrealität ebenso bekannt wie aus dem nächtlichen Traumgeschehen, Letzteres ereignete sich sogar häufiger. Durch ihre seit der Kindheit praktizierte Selbstreflexion war sie gewohnt, „in sich zu gehen", wie man so sagt. Hierdurch hatte sich ein guter Draht zu ihrem Innersten aufgebaut und eine damit verbundene rege Kommunikation. Allerdings nahm Lea ihre Träume und somit ihr Unbewusstes auch ernst. Sie hatte seit ihrem 28. Lebensjahr ein Traumtagebuch geführt und Jahre später – voller Erstaunen oder eher Fassungslosigkeit – entdeckt, dass alle großen Ereignisse, die ihr im Laufe der Zeit widerfahren sollten, von ihren Träumen, manchmal Jahre zuvor, schon angekündigt und vorweggenommen worden waren.

Eines Nachts, vor vielen Jahren, hatte sie zum Beispiel geträumt, sie befände sich im Keller einer großen Pension, in deren Wäscherei sie arbeite. Tag für

Tag gab es Berge von Bettwäsche und Handtüchern zu bewältigen, die aus den oberen Stockwerken durch eine Luke im Sturzflug hinab in den Keller segelten, wo sich die Wäscherei befand. Ab einem bestimmten Zeitpunkt aber kam keine schmutzige Wäsche mehr nach, die Zeit der Reinigung war vorüber. Dafür war der Boden im Keller des Gebäudes auf einmal mit schlammiger Erde angefüllt, auch diese in großen Haufen aufgetürmt, so wie früher die Wäsche. Der Keller füllte sich, es strömten andere Menschen herbei. Lea erfuhr, dass alle zusammen feiern wollten, weil der Schlamm heilig sei, „göttliche Erde". Man durfte sich in sie hineinlegen, so man dies wollte. Und natürlich wollte sie und stürzte sich sogleich in die weiche, braune Masse. Der Schlamm war mehr als körperwarm, Lea räkelte sich wohlig darin, spürend, dass der Schlamm nicht nur heilig war, sondern auch heilt – die Wunden der Zeit. Sie lag ganz still, die Zeit verging - bis sie überwunden war. In der letzten Sequenz des Traumes schaut Lea nach oben, durch die über ihr liegenden Etagen des inzwischen riesigen Gebäudes hindurch, die für ihren Blick plötzlich durchlässig sind, und so kann sie bis zum Himmel blicken. Er ist leicht bewölkt, mit weiten hellblauen Flecken darin, aus denen ihr etwas entgegenblitzt: Sterne! „Ich kann die Sterne sehen!", ruft sie laut und voller Glück, „ich kann bei helllichtem Tag die Sterne sehen...!"

Der Traum hatte in seinem Gleichnis des Waschens der schmutzigen Wäsche die Jahre Leas innerer Läuterung vorweggenommen sowie das Durchlässig- und Durchsichtig-werden ihrer selbst wie der Welt. Und ebenso die Tatsache, dass Lea ihre geliebten Sterne wiederfinden würde, nun aber nicht mehr im Dunkel der Nacht, dem Unbewussten, sondern im vollen Licht ihres Bewusstseins: bei „helllichtem Tag“. Dass sie zig Jahre nach diesem Traum von der Wäscherei in einer großen Pension obendrein wirklich als Zimmermädchen in einem Hotel arbeiten sollte, nachdem sie durch die schwere Krankheit in ihrem Beruf als Psychotherapeutin arbeitsunfähig geworden war, und die Schmutzwäsche dort tatsächlich durch das Treppenhaus von oben hinab in den Keller geworfen wurde, wo sich auch hier die Wäscherei befand, war ein genialer und höchst amüsanter Schachzug ihres Lebens. Nun, derjenige, der das Drehbuch ihres Lebens schrieb, hatte zumindest einen köstlichen Sinn für Humor!

11

Das mit Abstand teuerste Lehrgeld hatte Lea in ihrer zweiten Ehe bezahlt, ausgerechnet mit ihrer damals so großen Liebe, Philipp. Ihre ersten Jahre miteinander waren berauschend und wie ein einziger Traum. Lea zog, gleich am dritten Tag nach ihrer ersten Verabredung, bei Philipp ein, weil er die komfortablere Wohnung hatte und beide sich sagten: „Worauf warten wir noch?!“ Es stand völlig außer Frage, dass sie zusammengehörten, und das für immer. Sie waren erstaunlich schnell miteinander vertraut, fast so, als setzten sie eine, zu welchen Zeiten auch immer bereits begonnene, nur durch einen lästigen Tod unterbrochene, Beziehung in diesem Leben weiter fort. Sie tauschten ihre nächtlichen Träume aus, lasen Sri Aurobindo, Jean Gebser und Ken Wilber, philosophierten, debattierten und liebten sich, und das in der Regel Tag für Tag. Auch dass sie an sich und ihrer Persönlichkeit „arbeiten“, das heißt, sich ganz bewusst weiter entwickeln wollten, stand von Anfang an fest. Sie hatten die Überschrift „Evolution des Bewusstseins“ ganz groß auf die Fahnen ihrer Liebe geschrieben und damit fing im Grunde Leas Katastrophe schon an... Denn dieser Weg setzt einen permanenten Abbau des menschlichen Egos voraus, bis dieses vollständig überwunden ist und die dahinter verborgene Seele des Menschen, als dessen göttlicher Kern, in Erscheinung treten kann. Aber „abbauen“ kann man logischerweise nur etwas, was zuvor überhaupt einmal aufgebaut worden ist, und um Leas Ego stand es durch ihre ewigen selbstreflektorischen Eskapaden und eine schwierige Kindheit reichlich schlecht.

Lea liebte ihr Leben mit Philipp. Es stellten sich auch tatsächlich mit der Zeit erste Wandlungen ein, zunächst zaghafte, sich dann steigernde Erfahrungen einer ernsthaften Bewusstseinserweiterung, die in ihrer späteren Ausprägung schon einiges von Leas „Wunder von Bamberg“ vorwegnehmen sollten. Es war, als dehne ihr Bewusstsein sich immer weiter aus und erobere sich neue Sphären. Leas Leben war höchst intensiv und nun endlich voller Sinn, wobei die so tief empfundene Sinnhaftigkeit des Lebens auf fruchtbare Weise auch in ihrem Beruf als Psychotherapeutin zum Ausdruck kam. Sie hatte, ihrem Berufswunsch folgend, nach dem Studium der Psychologie eine Ausbildung zur Psychotherapeutin absolviert und sich als approbierte Psychotherapeutin niedergelassen. Ihr therapeutischer Ansatz, mit ihren Patienten ganzheitlich zu arbeiten, bewährte sich, und Lea erhielt schon bald einen guten Ruf. Für sie bedeutete Psychotherapie, das Wesen des betreffenden Menschen zu erfassen und nicht nur sein Ich, sowie hinter den vordergründigen Symptomen die aktuelle Lernaufgabe zu erkennen, deren Lösung den jeweiligen Menschen wieder ein Stückchen sich selbst näherbrachte. Die Liebe, ihre Arbeit und das Leben an sich beglückten und erfüllten sie, so hätte es für immer weitergehen können.

Dann aber, ausgerechnet an ihrem siebten Jahrestag – dabei hatte Lea auf das „verflixte siebte Jahr" nie etwas gegeben -, eröffnete ihr Philipp, er habe sich in eine seiner Patientinnen verliebt und wolle auch diese Liebe leben. Er liebe aber auch sie, Lea, noch, und ob man nicht das Wagnis einer Liebe zu dritt versuchen wolle, gewissermaßen als weiteres Experiment der Selbstüberschreitung, dies sei doch eine außerordentliche Chance. Nach einem Moment tiefen Erschreckens fasste Lea sich ein Herz und sagte ihm dieses Wagnis zu, noch immer fest davon überzeugt, dass nichts und niemand ihre Liebe zueinander zerstören könne.

Es folgte eine harte Zeit, denn Philipp und seine „Neue“ hatten großen Nachholbedarf, den sie sich auch großzügig gönnten. Lea fühlte sich oft zurückgesetzt, und die schlimme, so tief vergrabene Einsamkeit begann sich, wie ein Schuppen gepanzertes Ungeheuer mit Feuer flammendem Maul, tief in ihr bedrohlich zu regen. Lea setzte in diesen ersten Jahren zu dritt mit großer Willensstärke alles daran, ihre Gefühle von Verlassenheit und Eifersucht in Akzeptanz, ja, sogar in Zuneigung umzuwandeln, sodass es ihr tatsächlich gelang, auch Christina – die „Andere“, die „Neue“ – aufrichtig in ihr Herz zu schließen. Ihre traurigen Gefühle aber hatte Lea, wie sich später herausstellen sollte, schlichtweg nur unterdrückt. Es gab jedoch auch immer wieder glückliche Phasen, in denen Philipp überaus zärtlich zu Lea war, sich gebärdete wie frisch verliebt, sich zuvorkommend und hilfsbereit zeigte und ihr jeden Morgen, bevor er in seine Praxis fuhr, mal glühende, mal zartschmelzende Liebesbriefe auf dem Esstisch hinterließ. Auch zu dritt gab es schöne und überraschend entspannte Zeiten. So besuchten sie an den Wochenenden oft Ausstellungen und Museen, lasen ihre philosophischen Bücher nun gemeinsam und feierten fröhliche Feste mit Freunden, die über das gute Gelingen der Dreiergemeinschaft nur so staunten. Nach außen hin wirkte alles so stimmig, so gut, und sicherlich war das gesamte Beziehungsgeflecht viel zu schwierig und zu komplex, um es einfach nur als gut oder schlecht abzutun. Damals hatte Lea noch fest daran geglaubt, es sei ihnen eine ehrliche Zuneigung unter- und miteinander geglückt, wurde aber später, vom weiteren Verlauf ihres Schicksals, bitter einer anderen Wahrheit belehrt.

Ihre Beziehung ging erstaunlich viele Jahre gut, es hatte sich längst eine gewisse Gewohnheit eingestellt, welche vermutlich die Wachsamkeit soweit eingeschläfert hatte, dass diese die ersten Anzeichen des heraufdämmernden Unheils träge übersah. Vielleicht hatten aber auch im Laufe der Jahre eine ganze Menge angestauter Gefühle so etwas wie ein unterbewusstes Rhizom gebildet, ein drohendes Gefühlsgeflecht, das sich unterirdisch kilometerweit erstreckte und von dem man dann, scheinbar plötzlich, nur gerade die ersten Triebspitzen emporkeimen sah. Ungefähr nach drei Viertel ihrer gemeinsamen Zeit fing etwas an, aus dem Ruder zu laufen. Die Schlingerbewegungen wurden heftiger, immer weniger kontrollierbar, bis es schließlich zur Katastrophe kam. Im Nachhinein war Lea zunächst davon überzeugt, dass gerade das gemeinsame Bemühen, eine solch immense Aufgabe - die menschliche Eifersucht zu transformieren - meistern zu wollen, wie ein zu grelles Licht den tiefsten Bodensatz in ihren Persönlichkeiten aufgewühlt und dabei unberechenbare Kräfte aufgescheucht hatte, denen sie allesamt nicht mehr gewachsen waren. Erst viel später konnte sie sich eingestehen, dass der Bodensatz, zumindest ansatzweise, schon viel früher aufgewirbelt war und das Wasser der Klarheit beschmutzte.

Heute würde sie niemandem mehr empfehlen, sich auf einen solchen beschleunigten Weg der Selbstentfaltung zu begeben, ohne sich zuvor seinen unbequemen und unbewussten Anteilen gehörig gewidmet zu haben. Denn angesichts der eigenen grandiosen Verirrungen und dem, was sie mit Philipp noch erleben sollte, hatte Lea verstanden, wie überaus wichtig es für den Menschen ist, seine eigenen Schattenseiten nicht nur aufzuspüren, sondern auch verstehend aufzunehmen in sein Wesen, denn nur so kann er sie wandeln und wird darüber heil und ganz. Ansonsten bleibt er und mit ihm die Welt auf immer in Gott und Teufel gespalten. Und ist es nicht so - wie von Lea erlebt -, dass da, wo der Mensch zu einseitig dem Licht zustrebt, alles ins Unbewusste Zurückgedrängte, Unverarbeitete irgendwann zu rumoren beginnt, bis es – ausreichend erstarkt – wie eine meuternde Horde die allzu glatte Oberfläche der Persönlichkeit durchbricht? „Erleuchtung" bedeutet eben keineswegs „nur Licht", denn alles Einseitige wirft nur von Neuem Schatten - und die Fratzen solcher Schatten werden dabei immer finsterer und ihre Hörner immer spitzer. „Erleuchtung" ist die Integration von Licht *und* Schatten und damit ein bewusstes Leben inmitten einer nicht länger schwarz-weißen, sondern in einer kunterbunten, fröhlich erwachenden Welt.

Irgendwann begann Christina, sich neben Philipp noch andere Liebhaber zuzulegen, allesamt verheiratete Männer, einer davon der Mann ihrer besten Freundin - gnadenlose Jägerin schon vergebener Beute -, ganz offensichtlich aus dem einzigen Grund, um Philipp zu provozieren. Dies resultierte wohl aus der nun lange genug schwelenden Unzufriedenheit heraus, für immer die Rolle der „Hinzugekommenen“ inne zu haben. Sollte er doch auch einmal zu spüren bekommen, wie es ist, einen geliebten Menschen mit anderen teilen zu müssen! Und Philipp sprang voll darauf an, machte – wie Lea es süffisant nannte - für Christina „Männchen“, ließ sich gängeln, verfolgte und kontrollierte sie, wobei es zu peinlichen Szenen kam. Man hätte sich zu diesem Zeitpunkt trennen sollen. Aber Lea war wie gelähmt, völlig unfähig zu reagieren, zudem hatte die Sache längst eine Eigendynamik entwickelt, die nicht mehr aufzuhalten war. Und ganz offensichtlich gibt es im Leben schicksalsträchtige Geschehnisse, die wohl schlichtweg unumgänglich sind. Um Christina nicht zu verlieren, verbrachte Philipp immer mehr Zeit mit ihr, umwarb sie mit Blumen, Büchern und Kleidern oder verreiste mit ihr. Es war für sein Selbstwertgefühl, das sich keineswegs als so stabil entpuppte, wie es anfangs schien, offensichtlich undenkbar, dass eine Frau es wagen würde, sich von ihm zu distanzieren, seiner Lea hingegen war er ja sicher. Und Lea fühlte sich aufs Neue zurückgesetzt, auch wenn Philipp beteuerte, „seine“ beiden Frauen nach wie vor gleichermaßen zu lieben. Zwei oder drei Mal traute Lea sich, ihren Kummer bei ihm anzusprechen, wobei Philipp dann rigoros auf ihr „sexuelles Ego“ verwies, welches bloß eifersüchtig sei und offensichtlich doch auf einer exklusiven Beziehung mit ihm bestehe. Und dass sie doch, bitteschön, verstärkt an ihrem Egoismus arbeiten solle, statt aufzubegehren. Und Lea, in ihrer ungeheuerlichen Naivität und Gutmütigkeit, aber auch durch ihre abgrundtiefe Angst vor Verlust, glaubte und schluckte all dies und machte weiter mit ihrer Ego-Zertrümmerung.

Je einsamer sie wurde, desto mehr verstieg sie sich in spirituell-schwindlige Höhen. Obwohl sie sehr wohl beobachtete – und nicht ohne eine gewisse Häme -, wie Christina und Philipp in Schmuddeligkeiten versanken, die sie nicht für möglich gehalten hätte, blieb sie stur dabei, Philipp weiterhin zu vergöttern, sodass sie sich später mit die Schuld dafür gab, das Unheimliche in ihm, das sie noch erleben sollte, gerade dadurch mit aufgescheucht zu haben. So hat wahrscheinlich ein jeder Mensch seinen eigenen allertiefsten Schatten, den es irgendwann zu erkennen und zu erlösen gilt.

Bei Lea war es der Hochmut, der entbrannte, als Gegenspieler ihrer bis dato so überzeugenden Demut und Bescheidenheit. Dies ging so weit, selbst besser zu wissen als das Leben, was gut für sie war und was nicht, sie wurde unzufrieden mit ihren Lebensbedingungen und begann, daran herum zu manipulieren. Der scheinbar so profane Alltag, das „ganz normale“ Leben, genügte Lea nicht mehr, denn was konnte dieses einer spirituellen Gipfelstürmerin wie ihr denn schon bieten? Lea zog sich zunehmend aus allem in einen Elfenbeinturm zurück - zweifelhaftes Gebäude in erschreckend hoher Luft -, vernachlässigte sogar ihren Beruf, las nur noch die anspruchsvollsten hochphilosophischen Schriften, ihr ganzes Denken, ja, ihr ganzes Leben kreisten darum. Je mehr sie litt, desto höher die Höhen, in die sie sich verstieg. Erkenntnisse und Erleuchtungen stürzten auf sie ein, schneller und schneller und unendlich mehr, als sie verkraften konnte. Jede Sekunde gab tiefstes Wissen preis. Es war, als habe Lea mit ihrem unerbittlichen Streben den Vorhang vorm Allerheiligsten gewaltsam weggerissen, sodass ein Strom des Erkennens sie überflutete, der sich höher und höher schraubte und nicht mehr eindämmen ließ, bis Lea schließlich in die allertiefste ihr mögliche Tiefe stürzte – nun hatte der schwarze Drachen sie doch verschluckt! Sie war, wie Ikarus, der Sonne zu nahegekommen und hatte sich gehörig die Flügel verbrannt. Oder hatte ihr „jemand" gnädigerweise ihre Flügel gestutzt, damit sie endlich auf den sicheren Boden von Mutter Erde zurückfände? Wie in dem Alptraum ihrer Kinderjahre hatte Lea das unterste wie das oberste Stockwerk ihres Bewusstseins durchbrochen und landete mit einer schweren Psychose in der geschlossenen Abteilung der Psychiatrie.

Im Nachhinein stellte sich heraus, dass Lea mit ihren Gefühlen und Wahrnehmungen, die sie sich so vehement und, in spirituelle Deckmäntelchen gehüllt, als „böse“ und egoistisch hatte abschwätzen lassen, in nahezu allen Fällen Recht behalten hatte und Philipps innere Gespaltenheit trat unverhüllt zutage. Er hatte, während er bei Lea mit Bravour weiterhin den aufmerksamen, liebevollen Partner gab, Christina, um diese an sich zu binden, längst ein gemeinsames Leben ohne Lea versprochen, sogar mit dem Bau eines gemeinsamen Hausprojekts schon begonnen und nur einen günstigen Moment noch abgepasst, um sich von Lea zu trennen. Lea hatte in den letzten gemeinsamen Jahren nur noch gegen sich selbst gekämpft, sich die so kostbare innere Stimme zum Feind erklären lassen, dabei war es doch die warnende Stimme ihres Innersten gewesen, und war irre geworden durch den Horror, sich selbst aufs Tiefste zu misstrauen.

Es war aber nicht nur dies, was Lea schnurstracks auf die Psychose zusteuern ließ, sondern auch eine ungute Entwicklung Philipps, die sie immer mehr irritierte und ängstigte. Im Rückblick und mit einer gewissen Distanz sah es so aus, als habe auf einmal ein bisher von niemandem erkannter unbewusster Teil von Philipps Persönlichkeit die Herrschaft an sich gerissen und sämtliche hohen und edlen Werte, nach denen er und Lea doch strebten, in ihr Gegenteil verkehrt. Philipp zeigte sich herrisch und selbstgefällig, oft zittrig und fahrig, und fing an, merkwürdige Dinge zu tun. Er schloss sich über Stunden in seinem Zimmer ein, wo Lea ihn irgendwelche Sprüche deklamieren hörte, ließ, wenn er außer Haus war, die ganze Nacht über

Kerzen in seinem verschlossenen Zimmer brennen und stellte auf der Grundstücksgrenze zum Nachbarn hin, den er noch nie hatte leiden können, einen lebensgroßen Spiegel auf. Nur begriff Philipp nicht, dass das, wovor er sich ganz offensichtlich auch selbst immer mehr fürchtete, sich nicht draußen befand, sondern in ihm drinnen. Und dass diese Bedrohung, sich von irgendetwas verfolgt zu fühlen, vermutlich der Ausdruck eines doch etwas schlechten Gewissens angesichts seiner Machenschaften war, die er nun in Form von nach außen projizierten „negativen Energien" abzuwehren versuchte. Später fragte Lea sich oft, inwieweit ihre Wahrnehmungen, die sie so schauderten, Ausdruck des beginnenden Irrsinns gewesen waren oder doch der leider immer gruseligeren Realität. Aber handeln, sich trennen, was die einzige Lösung und vielleicht noch Leas Rettung gewesen wäre, konnte Lea immer noch nicht, sie war nach wie vor paralysiert, so als sei all das, was sie erlebte, beziehungsweise erahnte - denn sie wollte das doch gar nicht sehen müssen -, nur noch unfassbar. Es war wohl bei einem jeden der Dreien der fatale Sturz in den eigenen Schatten.

Rückblickend musste Lea sich eingestehen, dass sie in all diesen Jahren nur Philipps lichtvolle Seite hatte sehen wollen, nicht seine dunkle, und sie ihn, je mehr sie diese erahnte, nur auf ein noch höheres Podest gestellt hatte. Als Fazit wurde ihr einmal mehr bewusst, wie absolut notwendig es ist, dass ein Mensch, der sich vornimmt, sein Bewusstsein zu entwickeln oder gar zu überschreiten, zuvor seine Persönlichkeit von ihren gröbsten Dunkelheiten und Spaltungen bereinigt haben muss, damit die geplante Reise in den Himmel nicht zu einer in die Hölle wird. (Manchmal kann allerdings auch die Hölle eine Abkürzung sein – sofern man sie denn überlebt…)

Die Reaktionen aus Leas Umfeld nach der Trennung und angesichts all dessen, was nach und nach zutage kam, waren bezeichnend, denn fast alle, Freunde wie Verwandte, schlugen nur die Hände überm Kopf zusammen und riefen, mit einem Aufschrei der Entrüstung: „Aber Philipp doch nicht!" Sie waren anfangs sogar geneigt, eher Philipp als Lea zu glauben, denn in einem war dieser ein großer Meister, wie es Lea allmählich dämmerte: Dinge zu vertuschen und seine Hände in Unschuld zu waschen. So hatte er die von Lea entwendeten Gelder, wie sich später offenbarte, in kleineren Portionen so lange über geheime Konten hin und her transferiert, bis keiner, außer ihm selbst, die Vorgänge noch hätte nachverfolgen können. Einige wenige aus Leas Bekanntenkreis jedoch waren ehrlich genug zu gestehen, dass ihnen bei Philipp von Anfang an etwas Unheimliches in seinem Wesen aufgefallen sei, und wie erschrocken sie über Leas Partnerwahl gewesen seien.

In diesen Jahren der inneren Kämpfe begann Lea Tagebuch zu schreiben, zunächst nur für sich, dann aber wurde ein ganzes Buch daraus, das auch einen Verleger fand. Rückblickend, und in ihrer Entwicklung um einiges fortgeschritten, konnte Lea heute erkennen, wie sie auch in den dortigen Schilderungen um die alleinige Wahrnehmung der Sonnenseite der Geschehnisse rang und sich weigerte, die Schattenseiten ihres Mannes zu erkennen. Vor allem wohl aus dem verzweifelten Kampf heraus, den endlich gefundenen Sinn und die Liebe ihres Lebens nicht so bald schon wieder verlieren zu müssen. Aber zwischen den Zeilen hatten sich heimlich doch auch Leas ganzes Leid, eine nagende Skepsis und ihre tiefe Verzweiflung eingeschlichen, wie verschütteter Kaffee, der eine allzu weiße Weste beschmutzt, und so wurde das Buch ein Zeugnis von Wahrheit und großartigen Verirrungen.

12

Der Weg

Eintönig und grau,
gemächlich, fad und so fern.
Von Zeit zu Zeit
ein warmes Leuchten,
so hell und so tief,
doch ungehört.
Da plötzlich: der Abgrund!
Ich taumel´ und falle
. . . und falle.

Durch Angst und durch Schmerz
winkt leise der Weg.
Ich gehe und laufe,
ich springe und tanze,
ich stolper´ und steh´ wieder auf.
Ich spüre und fühle,
ich liebe und gebe,
ich lebe!

Ich bin auf dem Weg,
jeder Schritt ist das Ziel,
ich bin auf dem Weg,
auf dem Weg zu mir.

13

Später, als Lea ihre Schrecknisse aufzuarbeiten begann, fragte sie sich oft, ob sie diese „andere Seite" ihres Mannes nicht schon viel früher hätte erkennen können, erkennen müssen. Konnte ein Mensch wirklich so blind, so verblendet sein wie sie!? Denn jetzt, im Nachhinein, fielen Lea doch so manche verdächtige Ereignisse ein, die, zum Teil, auf einen viel früheren Zeitpunkt datierten: Sie und Philipp hatten, gleich schon in den ersten gemeinsamen Jahren, in einem ruhigen Viertel am Rande der Großstadt, in der sie damals lebten, ein Haus gebaut, von dem jeder mit seinem eigenen Geld je eine Hälfte des Kredits abbezahlen sollte. So war zumindest die Vereinbarung. In der Realität sah es jedoch so aus, dass Philipp, der doch wesentlich besser Verdienende, die von ihm zu finanzierende Hälfte von Leas Geschäftskonto abgehen ließ. Wenn sie von Zeit zu Zeit nachfragte, aus welchem Grund, stellte er, betont geduldig, alle möglichen Berechnungen an und erläuterte ihr, der Betrag würde durch andere Zahlungen, die er für sie übernähme, ausgeglichen, welche Lea auf den

Kontoauszügen jedoch nicht fand. Und – etwas gönnerhaft – verwies Philipp jedes Mal noch darauf, dass Rechnen ja wohl nicht ihre Stärke sei, denn sonst erübrige sich ihre Frage ja wohl, und sie solle das alles mal getrost ihm überlassen. Und Lea war, wie in der späteren Zeit mehr und mehr, seinen Beteuerungen erlegen, zweifelte an sich statt an ihm, fragte zwei oder drei Mal noch nach, dann ließ sie die Sache auf sich beruhen und den Dingen ihren Lauf. Nach der Trennung zeigte sich, dass ihr Mann tatsächlich, in geradezu unverhohlener Berechnung, über die Jahre hinweg seine Haushälfte sich hatte von ihr finanzieren lassen. Die Trennung sprach er deshalb auch erst dann aus, als seine letzte Kreditrate plus einer saftigen Sondertilgung von Leas Konto beglichen war. Und noch viel früher, gleich in den ersten Tagen ihres Kennenlernens, hatte Philipp Lea gegenüber einmal angemerkt, eigentlich habe er lieber Immobilienmakler als Arzt werden wollen, weil sich damit „gut Schotter machen" lasse; hätte sie doch nur damals schon auf ihre mit diesem einen Satz aufgeschreckte innere Stimme gehört...

Eine andere Episode fiel in die Zeit Leas tiefer Depression, die sie nach der ersten Psychose erfasste. Ihr Leben und sie selbst erschienen ihr damals so sinnlos und zerstört, dass sie nur noch zu sterben trachtete. Das ganze Fundament, auf dem sie ihr Leben aufgebaut hatte, war zerbrochen. Sie verbrachte Tage und Wochen damit, in jenem so bitterlich kalten, schneereichen Winter - untrügliches äußeres

Spiegelbild ihres auch innerlich erfrorenen Gemütszustandes - nach *der* absolut sicheren Methode des Selbstmords zu suchen. Während dieser Zeit hakte Philipp in regelmäßigen Abständen nach, wie sie sich denn nun umzubringen gedenke. Wenn Lea dann berichtete, wie weit sie mit ihrer Recherche gekommen war und von ihm wissen wollte, weshalb er überhaupt frage, beteuerte er, mit Tränen in den Augen, er müsse sich der Tatsache schließlich stellen. Auch dies war für Lea eine zuhöchst irritierende Wahrnehmung: dass Philipp selbst offensichtlich immer noch davon überzeugt war, sie zu lieben, wohingegen sie doch längst den Eindruck hatte, dass er unentwegt Strategien entsann, sie jetzt, da sie ihm nur noch lästig war, möglichst elegant zu verabschieden.

Dann aber wurde Lea eines Tages von Philipp selbst über die optimale Methode des Suizids aufgeklärt: Man brauche sich nur, irgendwo an einer verborgenen Stelle im Wald, leicht bekleidet in den Schnee zu legen, dann würde man sanft entschlafen, denn der Tod durch Erfrieren, so habe er in Erfahrung gebracht, sei der sanfteste von allen. Es würde einem dabei nämlich, direkt vorm Sterben, ganz wunderbar warm: welch süßer, welch seliger Tod! Er, Philipp, wisse inzwischen nämlich auch nicht mehr ein noch aus und wolle jetzt ebenfalls nicht mehr leben, deshalb habe er im Internet recherchiert. Und *er* habe beschlossen, in *seinem* Fall, den Tod per Erfrieren zu wählen. Das wunderte Lea nun schon, denn er hatte doch gerade in den vergangenen Tagen erst eine Reise mit Christina geplant.

Und Jahre zuvor hatte Philipp einmal zu ihr gesagt, die Vorstellung, dass jemand, den er liebe, vor seinen Augen gequält würde, sei die entsetzlichste Vorstellung für ihn, und Lea war zusammengezuckt, denn sie hatte – irgendwo tief hinter seinen hellen bernsteinfarbenen, fast gelblichen Augen, die einen so faszinierten – für den Bruchteil einer Sekunde das Aufflackern einer Lust darin gesehen. Später wurde ihr klar: Es waren die Augen eines Wolfes.

Schon ein paar Wochen vor Philipps überraschender Mitteilung, dass nun auch er nicht mehr leben wolle, hatte Lea eines Nachts geträumt, er, Philipp, betrete, mit seinem Lieblingspullover bekleidet, ihr Schlafzimmer, mit der Absicht sie umzubringen. Sie hatte, in ihrer sträflichen Naivität, selbst diesen Traum ihm beim Frühstück erzählt, ausgeplappert wie eine Dumme. Woraufhin sie prompt von ihm die Ermahnung erhielt, dringendst ihr Unbewusstes zu erforschen, um herauszufinden, welche bösartigen Kräfte in ihr hausen, dass sie eine solche Ungeheuerlichkeit zu träumen wage. Und Lea ging in sich, gehorsam wie immer, wurde jedoch beim besten Willen nicht fündig, woraufhin sie eine noch tiefere Angst vor sich selbst beschlich, denn das Böse in ihr musste ja so perfide sein, dass es sich, in welchen geheimen Abgründen auch immer, vor ihrem Blick dermaßen gut versteckte. Solche Szenen gab es viele, und eine Psychose ist, wenn man Angst bekommt vor sich selbst, denn wem kann man dann noch vertrauen? Eine Psychose ist aber auch, wenn man auf die Frage: „Wer ist dieser Mensch, mit dem ich die ganzen Jahre zusammengelebt habe?“ keine Antwort mehr findet.

Erst als Philipp sich gegen Ende der gemeinsamen Jahre neben Christina, und um mit dieser wohl mitzuhalten, dann auch noch zwei weitere Frauen nahm, ging Lea ein Licht auf, wer hier in Wirklichkeit gegen sein „sexuelles Ego“ kämpfte, beziehungsweise eben gerade nicht. Sie war auf eine hochglanzpolierte Hülle hereingefallen, so wie man es sie in ihrer Kindheit lehrte, in einem Evangelium des schönen Scheins, hereingefallen auf Zwielicht mit Licht getarnt. Aber was befindet sich hinter Blendwerk? – Leere, das Nichts! Die Sturzflut des Erkennens all dessen, was Lea bis dahin so verzweifelt ausgeblendet hatte, löste bald darauf eine zweite Psychose aus und ließ Lea fast bis ins Innerste hinein zerstört zurück. Dies war dann das bittere Ende ihrer gemeinsamen Bewusstseinsexkursion.

Nun war eine „Schuld“ am Scheitern von Philipp, Lea und Christina ganz gewiss nicht dem Weg selbst zuzuschreiben, den sie versucht hatten, miteinander zu gehen. Jeder Mensch befindet sich, von jenem Augenblick an, in dem er das erste Mal in einem menschlichen Körper die Bühne der Welt betritt, auf dieser großen Reise von der Sterblichkeit in die Unsterblichkeit. Bei jedem ist das Bewusstsein in den Prozess einer unvorstellbar langen und mühsamen Entwicklung aus der Unbewusstheit heraus involviert

– egal, ob er darum weiß oder nicht, und auch, ob er daran glaubt oder nicht. Aber erst, wenn ein Mensch sich dieses Weges bewusst oder er regelrecht darauf gestoßen wird, wie durch den Traum Leas, kann er versuchen, ihn gezielter zu gehen und mit zu unterstützen. Gefahren lauern dabei aber viele: schwere Prüfungen, Verzweiflung und innere Schlachten mit finsteren Gestalten, von denen derjenige gar nicht ahnte, dass sie in ihm hausten. Die Abgründe sind wahrlich tief. Einem Meer des Lichts oben steht ein Meer der Dunkelheit unten gegenüber, der Mensch befindet sich genau dazwischen und wird so manches Mal zerrieben. Die Unsterblichkeit erlangt man eben nicht einfach so mal nebenbei! Unsterblichkeit ist etwas Göttliches, und dazu muss der Mensch erst einmal werden. Und es ist auf diesem ganzen Weg auch „nichts gewonnen, wenn nicht alles gewonnen ist", wie Sri Aurobindo in seinem großen Werk „Das Göttliche Leben" so treffend schrieb – Abstürze, Scheitern und Unterbrechungen sind daher vorprogrammiert. Wichtig ist nur, niemals endgültig zu verzweifeln und den Faden seiner Entwicklung mutig wieder und wieder aufzugreifen, zu einem späteren Zeitpunkt vielleicht, an dem man dazu reifer geworden ist. Jedes noch so kleine Stückchen, das man auf diesem Pfad zum Licht vorangekommen ist, zählt. Denn es ist nun mal das Ziel des Menschen, sich selbst zu überschreiten. Leichter, ja sogar lichtdurchtränkt – wenn auch weiterhin nicht gänzlich ohne Gefahren – wird der Weg erst, wenn die Seele des Menschen genügend ausdifferenziert ist, aus der geheimen Krypta im Herzen heraustritt und den Prozess von da an lotst und lenkt. Dann wird der Pfad „sonnenhell“.

14

Als Lea dies Erlebte später aufdeckte und verarbeitete, erinnerte sie sich, dass sie als Kind noch die Fähigkeit besaß, hinter die Fassade der Menschen und der Dinge zu blicken. Eine jüdische Legende besagt, ein Ungeborenes könne im Mutterleib noch von einem Ende der Welt bis zum anderen schauen. Im Augenblick der Geburt aber erscheine ein Engel, der mit seinem Flügel über die Augen des Kindes streiche, um ihm mit Eintritt in die diesseitige Welt diese allumfassende Sicht zu verwehren. Bei Lea muss in jenem Augenblick jedoch etwas schief gegangen sein, denn sie kam zur Welt, auf einem Auge noch immer das Jenseitige schauend, nur auf dem anderen dafür blind. Sie war eine Steißlage mit der Nabelschnur um den Hals, welche sich, bei ihrem zwiespältigen Ringen, ob sie überhaupt noch einmal leben wollte oder doch lieber nicht, zugezogen hatte, sodass sie gleich nach der Geburt wieder starb. Ursache dieser Unschlüssigkeit war ein tiefer Konflikt, den Lea mit in dieses Leben brachte, weil sie von ihrem letzten Leben noch so viel Leid in sich trug, welches noch nicht einmal der ansonsten so gnädige Tod mit seinem Vergessen hatte auslöschen können. Aber die Ärzte hatten Lea sofort reanimiert und damit doch ins Leben hineingezwungen. Wahrscheinlich war deswegen der Vorhang „hinüber“ bei Lea nicht ganz zugegangen und weil sie nach wie vor unschlüssig auf der Schwelle zwischen Diesseits und Jenseits hockte. Aber auch damit war sie allein, weil niemand ihre Schauungen in die zwei Welten teilen konnte, und so setzte sie irgendwann alles daran, ihre so unbequemen Wahrnehmungen gleich ganz im Keim zu ersticken. Denn als Einzige so schrecklich viel sehen zu müssen und all das Abgründige, noch dazu als Kind, war viel zu belastend für das so zarte Nervenkostüm.

Lea erinnerte sich noch gut daran, dass damals, kurz bevor der Vorhang vollends fiel, ein älteres Ehepaar, das Ehepaar Wörner, in einem benachbarten Häuserblock wohnte. „Onkel Wörner“, wie sie ihn nannte, war ein freundlicher alter Herr, seine Frau hingegen abweisend und kalt. Lea wunderte sich schon damals, als gerade einmal Siebenjährige, wieso ein so liebenswerter Mann mit einer solch garstigen Frau verheiratet sein konnte. Wann immer sie draußen den alten Herrn erspähte, unterbrach sie ihr Spiel, ließ alles stehen und liegen, um ihm freudig entgegenzuspringen. Er hatte im Krieg zwei Finger seiner rechten Hand verloren, und Lea empfand große Zärtlichkeit für diese beiden abgeschossenen Finger, wenn sie ihn mit Handschlag und höflichem Knicks begrüßte. Eines Tages wagte sie es, ihrer Mutter gegenüber zu äußern, dass der Onkel Wörner ja ein ganz lieber alter Herr sei, seine Frau aber eine falsche Schlange. Da gab es ein gewaltiges Donnerwetter und Schläge, denn ein solches Urteil stand einem

Kind nicht zu. Lea war noch unter dem Diktat einer Generation von Müttern aufgewachsen, die unter Erziehung vorrangig verstand, den Willen des Kindes zu brechen, um es gefügig zu machen. Jeder Anflug von Eigensinn wurde mit Härte bestraft, auch weil die so arglosen Gefühle, die freimütigen Äußerungen des Kindes die Mutter bedrohten. Denn hätte die Mutter diese zugelassen, mit ihrer ganzen Authentizität und Lebendigkeit, dann hätte sie ihre eigene entsetzliche Leere und Einsamkeit wieder gespürt – dieses Stigma der zerbrochenen Seelen -, die sie doch in Schach hielt mit Kontrollsucht, allerlei, wenn auch geschmackvollem, Tand und ihrer phobischen Angst vor der Sonne.

Kinder hatten zu „spuren", und bei Lea genügte bald nur ein kurzer scharfer Blick aus den Augen der Mutter und sie spurte - dabei war sie anfangs so ein fröhlicher Wildfang gewesen. Sie lernte, sogar schon im Vorfeld vernichtender Blicke zu erfassen, was die Mutter von ihren Töchtern erwartete, und später, als sie zur Schule ging und mittags nach Hause kam, allein schon anhand der atmosphärischen Schwingungen beim Öffnen der Wohnungstür zu wittern, in welcher Laune die Mutter heute war. So wurde sie ein braves Kind und sah, wie die Mutter stolz behauptete, aus wie ein „Püppchen". Alles einst so herrlich ungestüm Wilde in ihr war gebändigt, wie das so volle rote lockige Haar mit den grässlichen Stirnbändern, die so gemein am ganzen Kopf drückten, und die Lea, kaum dass sie morgens außer Sichtweite und damit endlich jenseits der alles durchdringenden mütterlichen Kontrolle war, befreit aufseufzend in ihrem Schulranzen verschwinden ließ, um sie erst nach der Schule gehorsam wieder herauszufischen. Für die Generation ihrer Mutter hatte, als oberste Priorität im Leben, der äußere Schein zu stimmen und ein jeder sich in das Bild der perfekten Familie, einer heilen Welt einzufügen. Abweichungen davon waren undenkbar, egal wie sehr es unter der so glatten und glanzvollen Oberfläche rumorte. Bezeichnenderweise sammelte Leas Mutter Puppen, kleine Figürchen, in hübschen Kleidchen, in Trachten und Mützchen, Gestalten, künstlich im Dämmerzustand der Verniedlichung, der Verpuppung gehalten, auf dass bloß niemals ein in allen Farben schillernder Schmetterling aus ihnen schlüpfe – allzu lebendige Bedrohung des eigenen Lebensgrau und -grauens, denn Schmetterlinge können fliegen. Der Schmetterling ist frei.

Spätestens ab diesem siebten Lebensjahr hatte Lea gelernt, in vorauseilendem Gehorsam den Willen eines anderen zu erfassen und zu erfüllen, ohne dass auch nur ein Sterbenswörtchen fiel, und diese Fähigkeit im Laufe des Erwachsenwerdens noch weiter ausgebaut. Irgendwann später wurde Lea bewusst, dass ihre Mutter in den beiden Töchtern vermutlich nie etwas anderes gesehen hatte als das so adrette Produkt ihrer erfolgreichen Erziehung und sie wohl niemals ihr Wesen erkannte. Lea hatte für ihren Gehorsam einen hohen Preis gezahlt, denn sie war sich selbst darüber abhandengekommen. So war ihre

Kindheit alles andere als hilfreich dabei, sich mit dem Leben auf Erden auszusöhnen. Im Gegenteil, der inzwischen längst ins Unterbewusste hinabgesunkene Konflikt – leben zu wollen oder doch lieber nicht - wurde dadurch nur noch weiter verschärft und ebenso das damit verbundene Gefühl der Sinnlosigkeit. Das Foto von ihr als Abiturientin grub sich – obwohl längst entsorgt, zusammen mit all den anderen verhassten Erinnerungsstücken, aber die Erinnerung blieb – tief in Leas Gedächtnis ein: eine etwas pummelige junge Frau in biederem schwarzem Rock, der schlaff an ihr herunterhängt, dazu eine weiße Bluse, welche die helle sommersprossige Haut des noch kindlich gerundeten Gesichtes ungünstig unterstreicht, darin zwei erloschene Augen. Die ganze Gestalt steif und wie zur Salzsäule erstarrt, denn Lea hatte gelernt, sich jeglicher Regung, jeglichen Ausdrucks ihrer selbst zutiefst zu schämen, weil doch alles, was sie sagte, dachte oder tat, in den Augen der Mutter, und später den eigenen ebenso unerbittlichen, nur minderwertig sein konnte.

Es hatte mehrerer Psychotherapien bedurft, bis Lea lernte, sich auf sich selbst zu besinnen, sich selbst überhaupt wieder wahrzunehmen und sich zu vertrauen. Und zahlreicher weiterer Befreiungsschläge, bis ihre hellen blauen Augen wieder mit der gleichen Leuchtkraft strahlten wie ganz zu Beginn ihres Lebens, und aufgrund derer Philipp sie in ihren glücklichen Zeiten „mein Sternenauge“ nannte.

15

Nach den Schlägen, die Lea wegen ihrer unbedachten Bemerkung über Frau Wörner hatte einstecken müssen, es waren in dieser Heftigkeit übrigens die letzten, zog Lea freiwillig den Vorhang auch vor ihrem zweiten Auge zu. Von da an hatte sie sich nur noch auf das Gute im Menschen versteift, um bloß nichts anderes mehr sehen zu müssen. Aber der Weg der Entwicklung, den sie als junge Frau so enthusiastisch eingeschlagen hatte, duldet keine Blindflecken, und schon gar nicht solche dicken, und so musste Lea durch eine harte Schule gehen. Auf ihre zweite Psychose folgte erneut der Absturz in eine völlige Sinnlosigkeit, eine bleierne Müdigkeit, wie eine Müdigkeit des Lebens, und eine schwere Depression, in die hinein das Grauen sich endlich erschöpfte. Über das, was sie in der Psychiatrie erlebt hatte, gefangen in den entsetzlichsten inneren Bildern, würde sie niemals sprechen können. Manche Dinge sind wohl auch nicht für Menschenaugen und -ohren gedacht, denn es gibt keine Worte für sie und dem menschlichen Verstand bleiben sie unfassbar.

Von Seiten Philipps war vorgesehen, dass Lea, nachdem sie durch die Krankheit zunächst allein mehr oder weniger lebensunfähig geworden war und seiner Hilfe bedurft hätte, in einem Heim untergebracht werden sollte für geistig Kranke; sie sollte verschwinden, für den Rest ihres Lebens. Da aber griffen Leas Schwester und ihr Schwager ein, nahmen sie bei sich auf und ermöglichten ihr ein neues Leben.

Ihre Situation von damals ließ Lea an einen Querschnittsgelähmten denken, dessen Leben an einem seidenen Faden hängt: der Körper erstarrt, das innere Wesen schockgefrostet, die erwachende Seele ungehört wieder hinter den Vorhang gedrängt. So lange der Mensch aber mit nur einem einzigen Faden noch am Göttlichen hängt, ist Rettung, ist alles noch möglich. Und selbst dann, wenn der Mensch glaubt, diesen Faden in tiefster Enttäuschung eigenhändig durchtrennt zu haben, ist er auf Dauer doch nicht verloren; eine Trennung lässt Gott nicht zu, weil Er Seine Kinder auf immer und ewig fest umschlungen in Seinen allliebenden Armen hält. Aus Gott herausfallen kann man nicht.

Dass Lea all das überlebt hatte: die letzten Jahre des Irrsinns in der Ehe, der kaum mehr zu ertragende innere Schmerz, die zwei Psychosen, die entsetzlichen Erfahrungen in der Psychiatrie, war ein einziges Wunder. Dass sie aus all dem errettet worden war, wieder Fuß hatte fassen dürfen in einem neuen, wenn auch bescheidenen Leben, inzwischen als Verkäuferin in einem Sportgeschäft einen ebenfalls bescheidenen Lebensunterhalt verdiente, wieder Freude hatte am Leben – wie unaussprechlich dankbar war sie dafür! Und heute ging es ihr noch dazu besser denn je. Eines aber wurde Lea rückblickend angesichts ihrer nur haarscharf überstandenen Katastrophen, den durchfochtenen Kämpfen mit dem schwarzen Drachen, aber auch angesichts des ganzen ihr je widerfahrenen Glücks auf einmal glasklar bewusst: Sie hätte nicht einen einzigen Schritt auf dem Weg allein gehen können ohne die innere Führung, ohne den Schutz einer höheren Macht, ohne Gott. Sie allein, als Mensch, war nichts, alles, was sie war, war Ausdruck von Gnade und Barmherzigkeit. Ohne Gott wäre sie nicht den Bruchteil einer Sekunde fähig zu leben. Nicht die geringste Freude regte sich ohne Ihn in ihr, von Seligkeit ganz zu schweigen, zu keiner Handlung wäre sie fähig, zu keinem Gedanken, keinem Gefühl, ja, selbst der Atem wurde ihr von Ihm eingehaucht. Ohne Gott war der Mensch nichts und nichtig, mit Ihm gemeinsam jedoch konnte er alles sein und alles werden.

Da gab es also tatsächlich eine Instanz in ihr, man mochte sie „das Ewige“, „das Unsagbare“ nennen, „Gott“ oder „das Selbst“, kein Name konnte sie je erfassen, die hatte sie selbst durch die Hölle hindurchgeführt und aus der Dunkelheit ans Licht. Und ihren so demütigenden Fall, ihr Straucheln, ja, mehr noch: ihr Versagen, mit unvorstellbarer Güte umzuwandeln gewusst in weitere Schritte auf ihrem Weg, nur um mittels eines vermeintlichen Abschieds für immer ein umso innigeres Wiederfinden vorzubereiten. Vielleicht, so überlegte Lea angesichts dieser Betrachtungen, muss man einmal alles, aber auch wirklich alles, losgelassen haben, um neu erschaffen, neu geboren zu werden? Dabei wurde ihr klar, dass es nie und niemals Gott ist, der den Menschen verlässt; es ist allein der Mensch, der sich mangels Glaubens und Vertrauens von Ihm abzuwenden vermag. Denn Gott ist immer da, Er kann gar nicht anders, denn er ist reine Liebe, reines Bewusstsein, das ganze All durchdringende liebende Präsenz. Und so beschloss Lea, als tiefen Dank, Ihn von nun an mit ganzem Herzen zu lieben und mit all ihrer Kraft.

Ein neuer Stern ist am Himmel aufgegangen.

16

Die zweite Hälfte des Regenbogens

Hat eigentlich noch nie jemand
nach der zweiten Hälfte des Regenbogens gefragt?
Wie diese wohl aussieht
und welche Farben sie hat?

Nun, die zweite Hälfte des Regenbogens
erscheint schwarz oder golden,
je nachdem, wer seinen Blick auf sie wirft.
Das für Menschen so dunkle Schwarz
ist für Engel reines Gold,
denn die Seele lernt aus jeder Erfahrung,
und Gottes Licht schimmert selbst durch
die tiefste Finsternis hindurch.

17

Mit der Liebe an sich hatte Lea bis dahin schon eine Menge Erfahrungen gesammelt. Das fing mit der Liebe zu ihren Eltern an, die zwar, wie Lea lange vermutete, nicht ihre wirklichen waren, aber lieb hatte sie diese, zumindest in ihrer Rolle als Ersatzeltern, eben doch, auch wenn die Mutter so unkontrolliert jähzornig war und Lea ihren Vater nur betrunken kannte, sodass er zwar körperlich vorhanden, ansonsten aber abwesend war. Es kam ihre Liebe zu ihrer Schwester hinzu. Die nicht einfache Kindheit hatte sie zusammengeschweißt, wobei diese Liebe sich im Laufe der Jahre und so, wie auch ihre Schwester immer mehr zu ihrem wahren Wesen fand, verstärkte, sie wurde innig und tief.

Lea kannte auch die Liebe zu Menschen, die ihr als Lehrer oder Vorbild dienten, von Achtung und Verehrung geprägt, und von tiefer Dankbarkeit gegenüber all jenen, deren Bücher sie hatte lesen und darüber wachsen und reifen dürfen. Und dann gab es noch die Liebe zu ihrem ersten Ehemann, der, auch wenn Lea diejenige war, die sich später von ihm trennte, doch für immer einen Platz in ihrem Herzen hatte. Er war ihre erste große Liebe gewesen, ein durch und durch aufrichtiger, gutmütiger und lieber Mensch, nur dass sie beide noch halbwegs Kinder waren, ihre Liebe somit eher die von Geschwistern, und ihr Mann sich, jung, wie er damals war, schon innerlich zur Ruhe setzte, als wolle er vor der Beschwernis des Menschenlebens fliehen. Und das war Lea dann doch zu wenig.

Bei ihm jedoch, ihrem ersten Mann, hatte sie irgendwann - gerade Anfang, Mitte Zwanzig - das erste Mal gespürt, dass Liebe nicht nur ein Gefühl ist, sondern vielmehr ein Zustand: ein Zustand des Bewusstseins, und damit völlig unabhängig von dem jeweiligen Menschen, den man liebt. Liebe als ganz eigenständige Qualität, Liebe als Tatsache, die letztlich und im Grunde gar keines Auslösers bedarf, Liebe als Glückseligkeit, die sich einfach nur frei verströmen will. So schoss Leas Liebe schon damals über ihre Projektionsflächen hinaus, aber sie konnte noch nicht erkennen, wohin und zu wem. In den besten Tagen ihrer jungen Erwachsenenjahren hatte sie daher einfach munter vor sich hin geliebt, dies sehr genossen, auch wenn ihr so glückliches Befinden ein wenig geschmälert wurde durch das schlechte Gewissen ihrem Mann gegenüber, weil sie sich fühlte, als sei sie ihm mit dieser bedingungslosen, von einem Objekt unabhängigen Liebe fremdgegangen.

Lea kannte die Liebe als Verliebtheit und Leidenschaft: sehnendes Verlangen, als sanfte Zärtlichkeit ebenso wie als innere Glut, als Besitzanspruch, etwas Kostbares nur für sich zu behalten, als Geborgenheit Schenkendes sowie als Liebe geschwisterlicher, freundschaftlicher und mütterlicher Natur. Ihr in den jungen Erwachsenenjahren mitunter rein Hormon gesteuertes sexuelles Verlangen, diese Körpersäfte austauschenden Zweckgeschichten, hatte sie jedoch nie als Liebe deklariert, ihre Liebhaber aber alle nicht nur körperlich begehrt, sondern auch wirklich gemocht –

zu ihrer besten Zeit waren es gleichzeitig drei -, denn so, wie Lea sich nach und nach aus ihrer Erstarrung löste, bekam sie einen unbändigen Appetit auf das Leben und auf Männer.

Liebe an sich, in ihrer reinsten Form, hatte Lea am ehesten in ihrem Beruf empfunden, den Menschen gegenüber, die zu ihr in die Praxis kamen. Da waren Verständnis und aufrichtige Anteilnahme an deren oft so schweren Lebensgeschichten, denn „einfach so“ wird niemand psychisch krank. Hinzu gesellte sich im Laufe der Therapie die Freude, Menschen genesen und innerlich reifen zu sehen, wie Äpfel, die, verwöhnt von Licht und Luft eines gutmütigen langen Sommers, mit frischen Wangen schwer an den Ästen der Bäume hängen. Es war für Lea ein tiefes Glück, teilhaben zu dürfen an diesem Prozess, das Wesen der sich ihr anvertrauenden Menschen zu erspüren und sie zu unterstützen auf ihrem Weg zu sich selbst. Das war damals ihr größtes Glück und die tiefste Annäherung an das, was man bedingungslose Liebe nennt.

Was Philipp anbelangt, ihren zweiten Ehemann, war ihre Liebe anfangs auch sehr tief, so tief, dass sie schon glaubte, in ihm den ersehnten Seelenzwilling gefunden zu haben, dann aber hatte er sich als finsterer Schatten entpuppt – als Bildnis des dunklen Bruders. Lea war zu der damaligen Zeit noch sehr naiv und wusste daher noch nicht, dass der Mensch, um die zu ihm gehörende Seele zu finden, erst in sich selbst eins geworden sein muss. Diese zunehmende Einswerdung betreffend, machten, nun im Nachhinein, selbst die so verstörenden Erfahrungen mit Philipp Sinn, denn Lea wurde durch sie gezwungen, ihre lähmende Fixierung auf die Fassaden endlich zu durchbrechen, die tieferen Botschaften hinter allem Vordergründigen wieder zu verstehen und endlich, endlich wieder auf ihre innere Stimme zu hören. Denn all das, was sich über die Jahre hinweg so fatal entwickeln sollte, hatte ein Teil von Lea, ganz tief in ihr drinnen, in der ersten Sekunde der Begegnung mit Philipp doch schon gesehen...

Eine Steigerung in Sachen Liebe gab es allerdings noch, die sich gleich zu Beginn ihrer zweiten Ehe ereignete. Eine Klientin Leas hatte sie eines Tages darauf aufmerksam gemacht, dass es an der Universität, an der diese Physik studierte, ein recht ungewöhnliches Seminar über Quantenphysik gäbe, für die Lea sich damals sehr interessierte, bei einem ebenfalls recht ungewöhnlichen Professor, der sich, wie sich später herausstellen sollte, neben Quantenphysik ebenfalls mit der Evolution des Bewusstseins befasste. Also fuhr Lea einmal wöchentlich in die anderthalb Autostunden entfernt liegende Stadt, um als Gasthörerin an dem Seminar teilzunehmen. Zwischen ihr und dem Professor entwickelte sich bald eine Spannung, die ihr Herz bis zum Hals klopfen und Lea befürchten ließ, eine weitere Verliebtheit habe sie ereilt, aber dies traf die Tiefe der Tatsachen nicht. Da war vielmehr eine Anziehungskraft, die die gegenwärtige Existenz transzendierte und auf etwas viel weiter Zurückliegendes verwies; es war nicht die vordergründige Gestalt, die Person des Professors, auf die sich Leas Herzklopfen bezog. Dann, in der letzten Stunde des Semesters, inmitten eines intensiven und offensichtlich den Bruchteil einer Sekunde zu lang währenden Blickkontakts, wurde eine solche Erschütterung in ihr ausgelöst, dass die Gegenwart zerriss, Lea einbrach durch Zeit und Raum und, weit hinter den Augen des Professors, irgendwo tief in der Unendlichkeit, dessen unsterbliches Wesen schaute, jene goldene Flamme, die aus dem großen Ur-Feuer stammt. In der Nacht darauf, Lea hatte sich zu Bett begeben, bündelte ihr ganzes Bewusstsein sich in ihrer Brust, in der Mitte ihres Herzens in einem einzigen Punkt, aus dem - überrumpelt von dieser Übermacht, denn wie soll ein einziger Punkt das ganze Bewusstsein fassen? - Lichtkaskaden sprudelten, hochschießende Fontänen aus einem unerschöpflichen Brunnen, sich über sie ergossen, Stunde um Stunde, rhythmisch pulsierend, golden und in kosmischen Wellen. Sie hatte die Nacht in den Armen Gottes verbracht, und war drei Tage lang nicht fähig aufzustehen.

18

Wie man Menschen liebt, wusste Lea also zur Genüge. Ihre Erfahrungen menschlicher Zuneigung und

Liebe wiesen ein farbenfrohes Spektrum auf, wie ein schillernder Regenbogen, der nach einem heftigen Gewitter die Erde mit dem Himmel verbindet. Wie aber liebt man Gott?! Sich überhaupt vor Augen zu führen, dass Gott existiert, überstieg schon jeglichen menschlichen Horizont; dass es im Universum so etwas gibt wie Gott, so etwas Allumfassendes, Erhabenes, alles Durchdringendes, ein Allmächtiges und Bewahrendes, aber auch Zerstörendes, ein All-Liebendes und Behütendes, etwas, das die gesamte Bewegung des Universums trägt und lenkt. Und das nicht als außerhalb seiner Schöpfung befindlicher Schöpfergott, sondern in Seiner eigenen Schöpfung verborgen; ein Gott, der das unermessliche Opfer bringt, selbst zum Weltall zu werden und zu allem darin, vom Staubkorn, der kleinsten Amöbe bis zur gigantischsten Galaxie, einem Spiralnebel, der sich in einem Welten umspannenden Tanz um seine leuchtende Mitte dreht, und dass es nirgends und niemals etwas gibt, das nicht Gott ist, der All-Eine und Einzige. Allein diese Vorstellung an sich war schon so ungeheuerlich und so unfassbar groß, als wolle sie ihr geistiges Fassungsvermögen sprengen, dass Lea sofort eines begriff: Gott darf man sich nur ganz behutsam nähern!

Bei der Frage nach der Liebe zu Gott kamen Lea unweigerlich die Hare-Krishna-Leute in den Sinn, die in ihrer Jugend grüppchenweise, orange, rosa, fleischfarben gewandet, kahlgeschoren, die mageren Hälse mit Malas aus Holzperlen und Om-Zeichen behangen, Mantras chantend barfuß durch die Straßen ihrer

Heimatstadt zogen und tanzten und unter den Passanten großzügig Glanzbildchen von Krishna verteilten. Sie hatten schon damals auf Lea einen eher liebestrunkenen denn liebesseligen Eindruck gemacht, und als würden sie sich eher an ihrem Status als bedürfnis- und besitzlose Jünger als am Höchsten selbst berauschen. Es mochte ja durchaus in der Verzückung des Einen oder Anderen wirkliche Liebe zu Gott dabei gewesen sein, das wollte sie nicht in Abrede stellen, aber jegliche Form der Trunkenheit - gefährliches Erbe ihres Vaters - war für Lea nichts.

Sie verspürte aber auch keinen Drang, in schwarzem Schleier und schwarzem Habit, aus dem grau oder schwarz bestrumpfte Vogelbeinchen in lieblosen klobigen Schuhen ragen, mit flehenden Händen und zum Himmel erhobenen Augäpfeln anbetend unter einem Kruzifix zu sitzen. Ihre Liebe zu Gott war anders, nur das spürte sie. Und bleibt nicht Gott bei einer reinen Verehrung dem Menschen auf immer fern, ein Objekt eben, das man anbetet, damit aber unvereinbar mit dem Menschen und von ihm getrennt? Lea aber wollte ihrem Gott, seitdem ihre Liebe für Ihn so glühend entflammt war, nahe sein und nicht fern, immer näher, inniglicher, dichter, wollte verschmelzen mit Ihm, auch wenn Er noch so sehr der Erhabene war, ihre Sehnsucht in Seiner Liebe ertränken. Denn war es nicht Er, ihr himmlischer Vater, Herr und Meister, jener Ursprung, jenes Ziel, nach dem sie sich hinter dem Motiv des sternenbestückten Himmelszelts, hinter all Seinen kosmischen Maskeraden sehnte, seit ihrer frühesten Zeit als Kind, und dem allein ihr lebenslanges Heimweh galt? Und sind nicht Verschmelzung und ein Ineinander-Aufgehen das Ziel aller Liebe? Lea ahnte zu diesem Zeitpunkt noch nicht, dass sie sich mit diesem Drang und ihrer inbrünstigen Sehnsucht nach Gott oder dem Göttlichen einem entscheidenden Wendepunkt ihrer eigenen Entwicklung des Bewusstseins näherte. Denn nur, indem der Mensch einsieht, dass es noch etwas Höheres als seinen derzeitigen Zustand zu erlangen gibt, und nur mittels Hinwendung und Liebe zum All-Einen kann seine weitere Entwicklung und die der Erde gelingen.

Seit Bamberg hatte Lea übrigens, und damit standen ihre Chancen, Gott zu lieben, schon einmal gar nicht schlecht, von Zeit zu Zeit das merkwürdige Gefühl beschlichen, als habe jemand ein Auge auf sie geworfen und beobachte sie. So als suche nicht nur sie nach Ihm, sondern auch Er nach ihr, um sich ihr in kurzen vertrauten Momenten zu nähern. Ein wenig schämte sie sich dieser unsichtbaren Intimität, aber dieser Jemand suchte tatsächlich Zwiesprache mit ihr, vor allem in jenen seltenen stillen Augenblicken, in denen Verstand und Gefühl vorübergehend mal zur Ruhe kommen, und sie fühlte sich angesprochen von Ihm und ganz persönlich gemeint. Ja, es schien ihr sogar, und das erleichterte die Sache nun ungemein, als gäbe Derjenige damit vor, wie sie sich Ihm am besten nähern solle, als wolle er sie necken mit all dem Suchen, Finden und von Neuem Verstecken, so wie es Verliebte tun. Er hatte ganz offensichtlich einen Heidenspaß daran! Zugleich aber war auch Ernst dabei, denn Derselbe schien Lea im gleichen Zuge auch zu prüfen, wie es um ihr Vertrauen, um ihren Glauben stand. Ob sie fähig war, und diesmal aus eigenem Antrieb heraus, jenen so gnadenvollen Zustand der Einheit im ganz profanen Alltag wiederzufinden, fest darauf vertrauend, dass Leben letztlich Freude ist, Fülle und Erfüllung, so wie sie es in den Tagen nach Bamberg als Selbstverständlichkeit erfuhr.

Der erste Schritt einer behutsamen Annäherung, so überlegte Lea, wäre demnach vielleicht, an Ihn oder Es, Gott oder das Göttliche, so fest wie nur möglich zu glauben. Nicht nur hier und da mal für einen kurzen Moment, für jene Augenblicke tiefer Not, in denen der Mensch sich gnädigerweise an Gott erinnert, oder in Form des monoton vor sich hin gebrummelten Glaubensbekenntnisses im sonntäglichen Gottesdienst, so ohne Flamme, ohne inneres Feuer - nein, es müsste schon ein anderer Glaube sein, ein bedingungsloser, unumstößlicher, ein über alle Zweifel erhabener. In den Tagen nach Bamberg, da hatte es gar keines Glaubens bedurft, denn in jenem im Erwachen begriffenen Zustand da hatte sie *Ihn* gesehen, und mit Ihm die Wirklichkeit der Welt. Ihn selbst, Gott, bekommt natürlich niemand zu Gesicht, weshalb man sich ja auch von dem Allmächtigen und Unfassbaren kein Bildnis machen soll und kann. Sein Angesicht aber, durch das er sich dem Menschen zu erkennen gibt, das ist die Erde, das ist die Welt. Nun musste sie Ihn nur noch von Neuem finden, indem sie dauerhaft jenen Schleier lüftete, der ihren Blick derzeit noch verstellte. Gott hatte sich ihr einmal zu erkennen gegeben, um gleich darauf wieder zu entschwinden. Aber Lea hatte keinerlei Bedenken, sich nicht früher oder später wieder mit Ihm zu vereinen, denn was einmal eins war, gehört zusammen für immer.

Die ganze Welt war durch Sein Licht erhellt, von Ihm befruchtet, und Lea spürte, dass Mutter Erde in den Wehen lag. An jenen kostbaren Tagen, als die Welt sich vor Lea ausgebreitet hatte wie ein Buch, in dem sie nur noch zu lesen brauchte, es kein mühsames Entziffern einzelner Hieroglyphen mehr gab, keine Missverständnisse, kein Rätselraten über unklare Geschehnisse, als alles sofort und ohne zeitlichen Verzug seine Bedeutung preisgab, da, an diesen Tagen, hatte Lea erkannt, dass die Welt an sich *immer* richtig und vollkommen ist, jungfräulich und neu - in jeder einzelnen Sekunde. Man musste nur mit wieder entschleierten Augen, den Augen der Einheit, mit liebenden Augen schauen.

Und was tut eine Frau, die liebt? Sie gibt sich ihrem Geliebten hin. Und genau so, beschloss Lea, würde auch sie sich nun Ihm gegenüber verhalten. Irgendwo hatte sie einmal gelesen, dass man, wenn man liebt, dem, was man liebt, mit der Zeit immer ähnlicher wird. Das hatte sie sofort überzeugt, denn man brauchte ja nur einmal die Fotografien so mancher Hunde und ihrer Besitzer zu betrachten: der eine dem anderen wie aus dem Gesicht geschnitten! Und zudem heißt es ja auch: Nur Gleiches kann Gleiches erkennen. Nun kann kein Mensch zu Gott werden, Gott sei Dank! Aber der Mensch kann versuchen, die höchsten und edelsten Qualitäten in sich zu pflegen, um sich Gott hierüber immer mehr anzunähern oder vielmehr, Ihn in sich auferstehen und lebendig werden zu lassen. Und die höchste und edelste Qualität, die dem Menschen möglich ist, ist doch die Liebe. Sie ist unter allen edlen Eigenschaften diejenige, die wahrhaft göttlich ist und im Grunde alle anderen in sich umfängt. Die Liebe, tiefster Urgrund des Menschen, ist der reine Zustand seiner Seele, *ist* Seele. Es ist einzig die Liebe, die den Menschen unsterblich macht. Und wenn Lea es sich recht überlegte, brauchte sie im Grunde doch nichts anderes zu tun, als diese Liebe nun in sich freizulegen, ihr Gestalt zu verleihen, so wie ein Bildhauer die noch im Stein verborgene Statue dem Marmorblock entlockt, indem alles andere unter seinen hämmernden Meißelhieben verschwindet.

19

Nachdem Lea in das Haus ihrer Schwester und ihres Schwagers gezogen war, musste sie noch einmal ganz von vorne anfangen zu leben. Philipp hatte sich, während Lea sich noch in der Psychiatrie befand, von ihr getrennt, sie dann, direkt von dort aus, zu ihrer Schwester verfrachtet, und ihr, in einer zweiten Fuhre, noch ihre Kleidung nebst ein paar Habseligkeiten gebracht. Das war, neben ein paar Ersparnissen, so ziemlich alles, was von ihrem alten Leben übrigblieb. Lea fühlte sich – innen wie außen - leer und nackt. Nach der zweiten Psychose mit darauffolgenden fünf Wochen Psychiatrie war sie in einem psychisch bedenklichen Zustand und erneut schwer depressiv. Dass ihre Schwester und deren Mann sie in einer solchen Verfassung bei sich aufnahmen, ohne doch ahnen zu können, wie sich die Umstände weiterentwickelten, würde sie ihnen niemals vergessen, sie hätte ebenso für den Rest ihres Lebens krank bleiben können und den beiden ein schwerer Ballast.

Anfangs war es Lea unmöglich, das Haus zu verlassen, weil sie in ihrem so ungeschützten inneren Zustand gleich bei den ersten Schritten draußen im Freien in Angstzustände geriet. Ihre Schwester nahm sie wie ein Kind an die Hand und übte mit ihr das Gehen. Erst eine Straße weiter, dann zwei, dann drei und schließlich den ganzen Weg bis in die Stadt, zuerst gemeinsam, dann allein. Es dauerte nur wenige Tage, bis Lea wieder alleine laufen konnte. Daraufhin brachte sie sich selber bei, in dem einzigen Kaufhaus, das es im Städtchen gab, auch wieder Rolltreppe zu fahren, es folgten kleine Ausflüge mit Bus und Bahn, und – mithilfe ihres Schwagers - schaffte sie es dann sogar, mit dem Auto die kurze Strecke zum nächsten Supermarkt zu fahren. Nach nur wenigen Wochen war sie erstaunlich gut wiederhergestellt, das neue und gesunde Umfeld wirkte Wunder. Und zum ersten Mal konnte Lea Dankbarkeit für ihre Psychose empfinden, denn diese hatte sie da, wo es längst keinen anderen Ausweg mehr gab, aus der größten Sackgasse ihres Lebens herausgeholt, wenn auch auf äußerst brutale Weise.

Nach diesem ersten Schub der Genesung fing für Lea, deren Leben vor der Erkrankung fast nur noch aus überstiegenen Höhenflügen bestand, ein ganz bodenständiges, solides Leben an. Ein größeres Glück hätte ihr nicht widerfahren können, als nun bei ihrer Schwester und ihrem Schwager zu leben, denn diese standen fest mit ihren Beinen im Leben und waren in dieser Zeit der Genesung mehr als Schwager und Schwester, fast wie Eltern für sie. Der Alltag war durch kleine Aufgaben strukturiert, von denen Lea dankbar die eine oder andere übernahm, Kochen, Bügeln oder Einkaufen, das meiste aber wurde gemeinsam getan. Nebenbei blieb genügend Zeit, in der Stadt zu bummeln, ziellos durch die Geschäfte zu streifen, nur um zu gucken ohne zu kaufen, oder zuhause auf der weitläufigen Dachterrasse abzuhängen, von der aus man einen herrlichen Blick ins Land hatte, in die hügelige, waldreiche grüne Ferne. Man ging gemeinsam in Kunstausstellungen und in Konzerte, lud Freunde zum Essen und zu geselligen Spieleabenden ein. Einfach so in den Tag hineinzuleben, nichts anderes zu tun, als das Leben zu genießen, war völliges Neuland für sie, denn Lea war, so lange sie denken konnte, immer einem Ziel hinterhergehechtet, zunehmend wie eine Besessene, und zum Schluss nur noch ihrem Schmerz davongerannt.

Lea war im Spätsommer des vergangenen Jahres an den neuen Wohnort gezogen, wo, in der stark vom Weinbau geprägten Region, gerade überall auf den Ortschaften die Weinfeste begannen. So verging kein Wochenende, an dem ihre Schwester und ihr Schwager nicht mit ihr wanderten oder Fahrradtouren unternahmen und danach einkehrten zu einer schlichten Mahlzeit und einem Schoppen kühlen Weins. Die so wohltuende körperliche Anstrengung, die anmutige Landschaft mit ihren sich schon rötlich färbenden Reben, das endlose Meer des Waldes, das neben seinem dunklen Tannengrün in herbstlichen Farbnuancen flammte, über allem ein sich ins Goldene hinein verklärende Licht – Lea war wie verzaubert. Hier sollte und durfte sie jetzt für immer leben?! Es war schlichtweg das Paradies! Sie hatte, nun endlich, auch ihre irdische Heimat gefunden!

Es dauerte knapp ein Jahr, bis Lea soweit wieder auf eigenen Beinen stand, dass sie fähig war, wieder allein zu leben und sich eine Wohnung nahm. Diese lag in einem etwas abgelegenen, eher unansehnlichen Teil der ansonsten sehr liebreizenden kleinen Stadt. Gegenüber der Küche, direkt auf der anderen Straßenseite, gab es einen gut sortierten modernen Supermarkt, daneben eine Tankstelle. Wohn- und Schlafzimmer aber gingen zu einem ruhigen Hinterhof hinaus mit einem mächtigen Baum in der Mitte, in dem viele Vögel wohnten und sangen, und damit war Lea mit ihrer neuen Bleibe ausgesöhnt. Das Mehrfamilienhaus stammte aus den frühen fünfziger

Jahren des letzten Jahrhunderts und war noch dementsprechend hellhörig gebaut. Man bekam, ohne lauschen zu müssen, jederzeit mit, was sich bei den Nachbarn so tat. Ging der Nachbar über ihr zur Toilette, gab es bald darauf ein kräftiges Rauschen, welches Lea durch seinen unterschiedlichen Klang darüber informierte, welcher Konsistenz jenes war, was da soeben durchs Fallrohr floss oder flutschte. Klingelte bei der älteren Dame unter ihr – also noch älter als sie selbst, denn Lea selbst war zu diesem Zeitpunkt ja auch schon Mitte Fünfzig - das Telefon, war sie anfangs jedes Mal aufgesprungen, weil sie es für das eigene hielt, hatte sich dann aber einen anderen Klingelton eingestellt, um die beiden Telefone voneinander unterscheiden zu können. Neben den Geräuschen gab es dann noch die Gerüche, die sich im Treppenhaus verbreiteten und erstaunlich zielstrebig durch die Ritzen ihrer Wohnungstür bis in den kleinen Flur vordrangen. So konnte Lea täglich erschnuppern, bei wem es was zu essen gab, und an dem so unverkennbar süßlichen Duft erahnen, dass der sanftäugige Student von nebenan mit seinen blonden Rasta-Locken mal wieder ein spezielles Pfeifchen schmauchte. Wie schön war doch die Welt! Lea befand sich nicht in der Lage, große Ansprüche zu stellen, hatte danach auch gar kein Bedürfnis, es reichte vollkommen zu leben, wieder leben zu dürfen, damit war alles gut.

20

Als nächstes bemühte sie sich um einen Arbeitsplatz. Da Lea während der Zeit ihrer Selbständigkeit nie eine Berufsunfähigkeitsversicherung abgeschlossen hatte, war sie auf einen neuen Broterwerb angewiesen. Zwar gab es am früheren Wohnort noch das Haus, das zur Hälfte ihr gehörte, von dessen Erlös sie jedoch vorhatte, ihrem Vermieter die Wohnung, in der sie jetzt lebte, abzukaufen. Davon würde gewiss noch einiges übrigbleiben, denn die Immobilienpreise hier in der kleinen Stadt waren günstiger als die am Rande der Großstadt, wo Lea früher lebte, aber auf Dauer würde der Überschuss keinesfalls reichen. An einen Wiedereinstieg als Psychotherapeutin war nicht zu denken, Lea wollte auch diesen Beruf für immer hinter sich lassen. So nahm sie die erstbeste Stelle an, die sich ihr bot: als Zimmermädchen und Reinigungskraft in einem kleinen Wellness-Hotel, eine Tätigkeit, die man heutzutage „housekeeping“ nennt. Sie hatte sich vorgenommen, jegliche Arbeit, und mochte diese noch so niedrig erscheinen, nach bestem Vermögen auszuführen, aus Dankbarkeit dafür, dass sie noch lebte und wieder in der Lage war, sich halbwegs ihren Lebensunterhalt zu verdienen. Lea hatte aber auch wirkliche Freude daran, die Gästezimmer schön zurecht zu machen, die Betten frisch zu beziehen, die Bäder blitzblank zu putzen, zum Schluss noch drei reife rotbackige Äpfel behutsam in ein Körbchen zu legen, eben alles so herzurichten, wie sie es als Gast selbst gerne vorgefunden hätte. Mit Vorliebe aber schüttelte Lea die daunenweichen

Kissen auf, den Blick verträumt nach draußen gerichtet, wo, im bald darauf einsetzenden Winter, aus schwerem weißem Himmel dicke Flocken sanft zur Erde schwebten. Manchmal hinterließ ein Gast auf dem Schreibtisch zwei oder drei Euro für die Zimmermädchen, die wurden eingesammelt und später untereinander aufgeteilt, eine kleine, willkommene Aufbesserung ihres Mindestlohns, früher hatte Lea das Zehnfache pro Stunde verdient.

Einziger Wermutstropfen bei dieser Arbeitsstelle war „die Burg“. Zu dem sehr gepflegten Hotel gehörte eine mittelalterliche Burganlage auf einem Hügel oberhalb des Städtchens. Dort gab es eine Burgschänke, ein kleines Museum, ein Labyrinth von unterirdischen Katakomben und Gängen und – das Unangenehmste – öffentliche Toiletten. Typischerweise wurde Lea, die ewig Duldsame, überdurchschnittlich oft von der Hotelleitung dazu auserkoren, die Burganlage mit zu putzen, denn niemand machte diese Arbeit gern, zudem hatten die alteingesessenen Kolleginnen das Arbeiten dort oben von vorneherein glattweg verweigert. Wenn sie auf der Burg putzte, kam Lea sich vor wie Sisyphus. Das Burggelände bestand aus Felsen mit einer dunklen lehmigen Erdschicht darauf. Kaum hatte sie den Fußboden in der Schänke einigermaßen sauber geschrubbt, wobei sie mindestens fünfmal das Putzwasser wechseln und hierfür über den zugigen Burghof zur Wasserstelle laufen musste – ab November dann bei Eis und Schnee -, kamen die ersten Besucher und schleppten mit ihren Schuhen gleich wieder neue Erde mit hinein. So sah in kürzester Zeit alles wieder aus wie zuvor, sie hätte sich die Mühe gleich sparen können, trotzdem machte Lea auch diese Arbeit so gut wie nur möglich und eigentlich auch ganz gern. Schlimm waren nur die Toiletten, speziell die der Herren. Dort befanden sich in den Urinalen dünnmaschige Siebe, zu welch unerfindlichen Zwecken auch immer, in die die Herren der Schöpfung nicht nur, wie vorgesehen, urinierten, sondern mit Vorliebe auch rotzten. Über Nacht trocknete ihr grüngelbes Erzeugnis darin an, und so musste Lea am nächsten Morgen die Siebe erst in der benachbarten Kloschüssel einweichen, um sie dann mit der Klobürste überhaupt sauber schrubben zu können. Das überstieg ihre Ekelgrenze dann doch bei Weitem, sodass sie schon nach kurzer Zeit und noch vor Weihnachten nach einer neuen Arbeitsstelle Aussicht hielt.

Daran, dass sie ausgerechnet dort, in der zunächst nicht allzu geliebten Burg, ihren Frieden finden würde, wäre nie zu denken gewesen. Aber ihr Leben hielt immer wieder Überraschungen für sie bereit, das immerhin hatte Lea schon gemerkt, und es war, als wolle ihr jemand damit zeigen: „Schau, Lea, die Schätze des Himmels liegen im ganz normalen Leben, das du einst so verschmäht hast, hier, auf der Erde, verborgen." Dieses Geschehnis ereignete sich am Neujahrstag, kurz bevor Lea nach Bamberg fuhr. Sie war – mal wieder - für den Dienst auf der Burg eingeteilt und soeben dabei, hingebungsvoll den Boden in der Gastschänke zu wischen, draußen war es noch dunkel. In der benachbarten Küche war auch der Koch schon am Werkeln, wobei sein Radio lief, man spielte ein Lied von Elton John, das Lea gerne mochte, obwohl sie sich ansonsten nicht viel aus Popmusik machte. Diesmal aber begann sie, versteckt in der hintersten Ecke der Schänke, mit Schrubber und Putzlappen in der Hand, mitzusingen, ganz leise nur und vor sich hin: „Can you feel the love tonight?" Und fühlte just in diesem Moment, dass ihr Leben – der einen oder anderen Unannehmlichkeit zum Trotz - vollkommen war: Alles war richtig, alles war gut! In ihr war Stille, und mehr als Stille: Frieden. Sie war mit dem Leben, so, wie es nun eben war, vorbehaltlos einverstanden, mit allem, was geschehen war, ausgesöhnt. Sie hatte genau das Schicksal gehabt, das sie brauchte, um zu sich zu finden, war im Einklang mit ihrem Leben, im Einklang mit sich selbst. Es gab bessere Arbeitsstellen als diese, es gab schlechtere, aber sie lebte noch, lebte wieder, was wollte sie mehr? Wenn ihr irgendetwas auf Dauer nicht gefiele, würde sie es ändern, und es würde sich dann etwas Neues finden, denn das Leben ging immer weiter - um was sollte sie sich da noch sorgen?

Sie hatte ihr Leben lang gekämpft, gerungen und gestrebt, Verantwortung übernommen für alles und jeden, jetzt ließ sie los. Gab sich dem Strömen des Lebens hin und den Verlauf ihres Lebens ab in andere Hände, es hatte sowieso niemals in ihren eigenen Händen gelegen. Sie gab sich selber auf, gab sich preis an eine höhere Macht, mit ihrer ganzen Offenheit und Schutzlosigkeit. Mit dem Gemüt eines Kindes sich führen zu lassen, nur noch zu lauschen und zu antworten auf die innere Stimme, freudvoll und sorglos zu leben, loszulassen von allem Bangen, allem Ringen, allen Sorgen. Es war das Gegenteil dessen, was sie als junge Frau mit ihrer verbissenen Bewusstseinstransformation betrieb, sogar nichts mehr wollen zu müssen. Es war der tiefste Frieden, den sie bis dahin je empfunden hatte, und er schien ihr wie ein verheißungsvolles Omen für das vor ihr liegende Neue Jahr. Ein allumfassender Frieden angesichts eines voll und ganz bejahten Lebens, und das mitten in ihrer ganzen Armseligkeit und ausgerechnet auf „der Burg".

Von außen betrachtet mochte Lea als arm gelten, aber innerlich war sie so unermesslich reich! Dass sich hinter dem Schleier ihrer Erkrankung etwas grundlegend Neues vorbereitet hatte, ihr Weg der Wandlung heimlich vorangeschritten war und Einer ihr zur Seite ging, dessen Spuren niemand sah, und sie – ihrer bisherigen Persönlichkeit entblößt – bis auf den Grundstein ihrer selbst vorgedrungen war, auf dem man nun ein neues Haus bauen konnte, einen Tempel, eine feste Burg, ahnte sie zu diesem Zeitpunkt noch nicht. Dieser ungeheuerliche Frieden machte sie einfach nur glücklich und still und stand so lange zusammenhanglos im Raum, bis sie ihn nach ihrer Erfahrung von Bamberg, kurze Zeit später, als Vorläufer des Erwachens einzuordnen vermochte.

Später kam Lea noch in den Sinn, dass das Jesuskindlein ja auch unter armseligen Umständen geboren worden war, in einer kleinen Krippe nämlich, in einem Stall, nur von Esel und Ochs umgeben. Und dass das Wort „selig“ erstaunlicherweise mit „arm“ verknüpft wird und nicht mit „reich“, vielleicht weil die Armen, die sowieso nichts mehr zu verlieren haben, eher den Zustand der Glückseligkeit erlangen als die Reichen. Und vielleicht bedurfte es ja gerade dieser ganzen eigenen Erbärmlichkeit, um Erbarmen zu erfahren und dieser inneren Nacktheit und Entblößtheit von allem, damit einem so etwas widerfuhr: die Gnade der Geburt des inneren Menschen.

21

Gottes Auge

Sie stand da und schaute,
wie am östlichen Horizont die Sonne aufging.
Und wie sie so stand und versank
in der goldenen Pracht,
begann sie sich zu wundern,
weshalb ausgerechnet Gott,
der doch Allmächtige,
nur ein Auge haben sollte und nicht zwei.

Da ging, mit einem Male
und einem einzigen Wimpernschlag,
das Herz ihr auf und wurde weit.
Und wie nun auch in ihr die Sonne schien,
da erkannte sie Gottes zweites Auge,
verborgen in einer jeden Form,
auf dass das Geschöpf seinen Schöpfer
erkenne und lobpreise.

22

In den Wochen nach Bamberg und im Verlauf des voranschreitenden Winters – es war inzwischen Anfang Februar - fühlte Lea sich immer mehr wie eine semipermeable Membran, durch die eine neue, ihr noch unbekannte Kraft zu diffundieren begann, um sich in der Mitte ihres Herzens zu sammeln. Mit „Herz“ war jedoch nicht ihr physisches Herz gemeint, sondern das psychische, welches sich – wie sie von Sri Aurobindo gelernt hatte - in einer höheren Dimension verborgen, in etwa hinter dem Brustbein des Menschen befindet. Lea spürte, wie diese Kraft mit der Zeit dort, an genau dieser Stelle, immer mehr akkumulierte, um etwas zu formen, das Gestalt anzunehmen drängte. Dieser geheimnisvolle Ort wirkte wie ein Magnet: Je mehr der neuen Energie sich dort wie eine Masse ansammelte, umso bewusster wurde sie, und je bewusster Lea wurde, desto stärker wurde die sich sammelnde Kraft. Kein Wunder, denn alles, worauf der Mensch sein Bewusstsein richtet, wächst. Zugleich ging an dieser Stelle, sobald Lea sich darauf konzentrierte, ein solches, manchmal gerade noch erträgliches, dann wieder äußerst schmerzhaftes Drücken und Pressen vonstatten, als ob nicht nur Mutter Erde in den Wehen läge, sondern auch Lea selbst.

Das, was da hinausdrängte in die physische, raumzeitliche Welt, hatte eindeutig eine kristalline Struktur, war vollkommen durchsichtig, durchlässig und klar, wie eine Linse, durch die transzendente Kräfte strahlen. Und der Kosmos fügte sich, ordnete sich neu um dieses winzige, frisch geborene „Es“

herum. Dabei handelte es sich bei diesem Geschehen nicht um ein einmaliges, vielmehr war auch dieses ein Prozess, der, wie Ebbe und Flut, durch Leas Bewusstsein brandete, wobei sie seine Auswirkungen mal mehr, mal weniger deutlich vernahm. Lea spürte jedoch genau, dass sie damit an der Schwelle zu etwas vollkommen Neuem stand, wie an der Grenze zu einer neuen Welt. Manchmal, im Zustand tiefer Meditation, komprimierte sich dieses kristallklare Etwas in ihrer Brust so stark, dass Lea das Gefühl überkam, inmitten eines Diamants zu sitzen, dessen inneres Feuer die Kraft von Tausend Sonnen besaß. Bei all dem war sie unsicher, was da in ihr vor sich ging, konnte das Neue, das Neugeborene noch nicht benennen. Es gab noch keine Worte dafür und im Archiv ihres Unbewussten noch keine Schablone, es zu erkennen. Und so wusste sie nicht: War etwas in ihr „aufgegangen“ oder entfacht: ein inneres Auge, ein Feuer, ein Licht - oder hatte sie womöglich ein Fenster geboren?

Das Empfinden, durch ein sehr klares Fenster in die Welt hinaus zu blicken, häufte sich, wobei es zu höchst interessanten Vorfällen kam. Eines Tages ließ Lea eine Fußpflegerin kommen wegen einer schmerzenden Schwiele und einem Hühnerauge an ihrem rechten Fuß. Während diese ihr dann gegenüber saß, veränderte sich Leas Sicht, und es überwältigte sie wieder das Empfinden, durch eine Öffnung hindurch nach draußen zu schauen. Das, was sich sonst zwischen den Menschen befindet und sie voneinander trennt, ein Schleier, ein Vorhang, manchmal sogar eine dicke Mauer, sie in Subjekt und Objekt spaltet, war verschwunden, Leas Blick frei, ungehindert. Und was sie sah, ließ sie ebenso staunen wie schmunzeln: Die Fußpflegerin, ein wenig älter als sie, recht korpulent und mit wogendem Busen, hatte, genau wie Lea an diesem Tag, ein dunkelblaues T-Shirt mit weißen Streifen an, dazu ebenfalls eine helle Jeans, und sogar ihre Socken waren exakt die gleichen, hellgraue mit winzigen weißen Punkten, die hatte ihr ihre Schwester letztes Jahr zu Ostern geschenkt. Sie selbst, Lea, war bei ihrem Betrachten mal wieder verschwunden, wobei ihre Sicht sie an jene erinnerte, wie wenn man in einen Spiegel schaut – nur dass Lea nicht sich selbst sah, sondern die Fußpflegerin, „die Andere". Da es aber nur noch diese in ihrer Wahrnehmung gab, musste sie ganz offensichtlich doch auch selbst diese Andere sein; nennt man dies nicht „Identität"?

Und es kam noch verblüffender: Während die Fußpflegerin sich mit Hingabe Leas Füßen widmete, raspelte, schnippelte und sie zum Abschluss ausgiebig salbte, klingelte das Telefon und meldete, da Lea nicht dran ging, kurz danach die Ankunft einer SMS, die Lea, sobald die Fußpflegerin sich verabschiedet hatte, las. Sie war von ihrer Schwester, die sie freudig darüber informierte, dass Leas jüngste Nichte, die seit dem frühen Morgen zur Entbindung im Krankenhaus lag, ihr erstes Kind geboren hatte, einen gesunden Jungen namens Theo. Da staunte Lea nicht schlecht... Sie vermutete zwar, dass diese außerordentliche

Koinzidenz – sie selbst in ihrem Innern in Wehen liegend, etwas Neues gebärend, zeitgleich die Nachricht dieser Geburt in der äußeren Realität, die Ankunft eines Kindes, das noch dazu Theo - „Geschenk Gottes“ - hieß, eine Botschaft für sie war, sie wusste nur noch nicht so genau, welche. Lea war zwar bewusst, dass alles, was im Außen geschieht, im Innern seine Entsprechung hat, aber wirklich einordnen konnte sie dieses Ereignis trotzdem noch nicht. Im Hintergrund aber, gewissermaßen aus dem „Off“ heraus, hörte sie, zwischen fernen Flötenklängen, jemanden leise lachen. Die Vorstellung, es gäbe eine von einem Betrachter unabhängige „objektive“ Welt, gab Lea von diesem Tag an für immer auf.

23

Freudenräder

Sie schlägt Räder inmitten der Leere,

im freien, leeren Raum,

vorsichtig-ungläubig zunächst,

dann mutiger, mit zögerlichem Vertrauen,

dann ausgelassen und voller Freude,

denn siehe, die Leere: sie trägt!

24

Die Wirklichkeit an sich ist chaotisch und ungeformt. Der Mensch aber trägt in seiner Psyche so etwas wie Urbilder oder „Schablonen“ – der große Tiefenpsychologe Carl Gustav Jung nannte sie „Archetypen“ -, mittels deren er diese „Ursuppe“, die vibrierenden Energien des Universums, in sinnhafte Bilder formen oder einfangen, ihnen somit bedeutungsvolle Gestalt verleihen kann. Die den Menschen bekannten Sternbilder hängen ja auch nicht in genau dieser Konstellation am Himmel. Auch hier wurden zu Urzeiten von den Frühmenschen aufgrund innerer Bilder einzelne Sterne zu bedeutungsvollen Sternbildern zusammengefasst; durch diesen Vorgang der Gestaltgebung offenbarte sich nach und nach die raumzeitliche, die dreidimensionale Welt. Dieser Prozess ist, wenn Lea C. G. Jung richtig verstand, immer der gleiche, was bedeutet, dass es stets neuer, vielmehr frisch aktivierter Urbilder bedarf, die im Menschen jedes Mal dann heranreifen, in ihm aufgehen wie aufbrechende Knospen im zunehmenden Licht der Sonne, wenn am Horizont des menschlichen Bewusstseins eine neue Welt heraufzuziehen beginnt.

Früher, als junge Erwachsene, als sie erstmals die Schriften von Jean Gebser, Teilhard de Chardin und Sri Aurobindo las, war Lea wie selbstverständlich davon ausgegangen, dass diese große Bewegung des Kosmos zu seiner Erfüllung hin und zu einem vollendeten, einem göttlichen Leben auf Erden noch ewig lange dauern würde und nur das Ergebnis sein könne eines unendlich mühevollen, unendlich schwierigen Prozesses. Inzwischen aber, und weil doch das neue Licht auch schon in sie und ihr Leben hineinzuströmen begann, hindurchschimmerte durch den diaphan gewordenen, abgenutzten alten Vordergrund, dämmerte ihr auf einmal eine ganz andere Wahrheit: Was wäre, wenn das Hindurchscheinen dieses Lichts gar nicht nur sie selbst beträfe, Lea, sondern die ganze Erde, die ganze Welt, und eine neue Zeit und eine neue Welt tatsächlich schon in den Startlöchern stünden, bereit und nur darauf wartend, in die bestehende Welt hereinzubrechen, die alte und verbrauchte abzulösen, und wenn der Mensch genau jetzt schon, jetzt und hier, sich am Übergang befände zu etwas noch nie Dagewesenem, nie Gesehenem, zu einer völlig neuen Realität: jenem All-Herrlichen, in dem die ganze Schöpfung zu ihrer Erfüllung findet?

Lea wusste auf einen Schlag, dass es genauso war, wie soeben vermutet, auch wenn sie ein solches, geradezu unverschämtes Wunder angesichts des so bedauerlichen und mehr als desolaten Zustands der Menschheit wie der Erde kaum zu hoffen wagte. Aber heißt es nicht auch, Rettung sei immer dann am nächsten, wenn die Not am größten ist? Und dass, wenn man die neue Welt noch nicht sah, dies wahrscheinlich einzig und allein nur daran lag, weil noch keiner die Sprache des Neuen sprach, dieses verheißenen Paradieses am Ende der Zeiten, noch niemand dessen neue Bilder kannte, ebenso wenig die dort herrschenden neuen Regeln oder Gesetze. Ja, vielleicht war es doch tatsächlich schon so weit, dass die Menschheit, oder vielleicht reichten zunächst ja auch ein paar mutige Einzelne, nur noch einen einzigen großen beherzten Schritt wagen mussten, um an das mystische Ufer des Neuen zu gelangen, auf seine noch so zaghaften Anzeichen vertrauend?

Und Lea war vollkommen klar, dass dort, in dieser Neuen Welt, ganz andere Spielregeln gelten, der Mensch froher Diener sein würde und nicht mehr vermeintlicher Herr. Denn wie oft hat der Mensch sich selbst schon zum Schöpfer erhoben, ein Zauberlehrling, der erst dann begreift, dass er doch nicht der Meister ist, wenn ihm zu den von ihm entfesselten Kräfte die Macht fehlt, diese dann auch zu beherrschen, und selbst dann hält er sich noch weiterhin für den Meister – mit welch fatalen Folgen, mit welch grauenvollen Opfern?! Dieses Selbstbestimmen- und alles nach eigenen Vorstellungen Machen-wollen, diese Hybris des Menschen, auch das wusste Lea auf einmal ganz genau, existiert in der Neuen Welt nicht mehr. Denn es gibt nur *einen* Schöpfer auf Erden, im Himmel und jenseits davon, sowie jenseits aller Formen und Welten: „Dein Wille geschehe im Himmel wie auf Erden, Amen."

In der Neuen Welt folgen die Geschöpfe ihrem Schöpfer bedingungslos, lassen los von allem Selbermachen und -wollen, leben in Frieden und Einheit miteinander, lieben, lassen sich von den Geheimnissen wie von der Pracht um sie her überraschen und staunen frohen Herzens, mit runden Augen wie Kinder am Weihnachtsabend, wenn Er, der Höchste, der Allmächtige, nach und nach den Schleier vom Baum des Lebens zieht, an dem für ein jedes seiner geliebten Geschöpfe die wunderbarsten Geschenke hängen, schöner, strahlender, beglückender, als diese selbst es sich jemals hätten erträumen können – eben: vollendet. Die einzige Aufgabe der Geschöpfe ist, voller Freude ihren Schöpfer zu preisen. Aber: Man darf *niemals* den Schleier vom Baum des Lebens eigenmächtig entfernen und auch immer nur ein Geschenk nach dem anderen pflücken!

Das alles wusste Lea auf einmal ganz genau, es stand ihr glasklar vor Augen, ohne den leisesten Hauch eines Zweifels. Nur für sich selbst war sie an einem Punkt angelangt, an dem sie immer noch nicht wusste, wie es nun weitergehen sollte. Sie hatte, in Gestalt ihrer alten Persönlichkeit, die bisherige Welt durchschritten, deren sämtliche Bilder ausgeschürft und durchlebt. Aber nicht nur für die Neue Welt draußen, sondern auch für das Neue in ihr, das nun offensichtlich zwar schon geboren, aber nach wie vor unbekannt war, gab es noch keine Bilder, Formen oder Begriffe. Und sie konnte zu diesem Zeitpunkt noch nicht erkennen, dass es zwischen dem rätselhaften Neuen in ihr und der Neuen Welt da draußen, diesem Gelobten Land, einen engeren Zusammenhang gab, als bisher vermutet, sondern nur, dass diese neue Realität „irgendwo“ sehr wohl schon existierte, von dort aus heimlich auf Erden Einzug hielt und nur aufgrund aktivierter neuer innerer Wörter und Bilder auffindbar sein würde.

Lea selbst fühlte sich bis zum Überfließen angefüllt mit all diesem Neuen, von einer noch jungfräulichen Potenzialität, wie gesättigt von Abertausenden göttlichen Samen, von denen jeder Einzelne zur Verwirklichung strebte. Und es drängte Lea, all diesem noch Formlosen in ihr eine Form zu verleihen. Da kam ihr spontan die Idee, wieder zu schreiben. Das war damals, in ihren Vierzigern, in einem immer belastenderen und widersprüchlicheren Leben, die Tätigkeit gewesen, die sie am meisten liebte, mit der sie sich gerettet hatte über die Zeit, und wie oft hatte sie später sehnsüchtig gedacht: „Ach, wenn ich doch nur wieder schreiben dürfte"! Durch ihre Erkrankung war sie jedoch davor zurückgeschreckt, aus Angst vor allem, was sie psychisch destabilisieren könnte. Sollte sie also wirklich noch einmal wagen zu schreiben, schließlich war sie damals über die übereifrig betriebene Bewusstseinstransformation und deren Dokumentation doch abgestürzt?

Aber vielleicht war ja, bei ihrem ersten Versuch, den großen Weg der Selbstwerdung und -wandlung zu beschreiten, gar nicht der Weg an sich oder dessen Dokumentation das Problem, sondern vielmehr Leas Motivation, die dahintersteckte? Damals saß ein Stachel des Schmerzes in ihrer Brust, der sie weiter und weiter trieb, um nur bloß nicht daran rühren zu müssen. Bewusstseinsevolution als Flucht betrieben – das konnte ja nicht gelingen! Denn für einen solchen Weg, den schwierigsten und zugleich wunderbarsten, den es für den Menschen gibt, darf es nur *ein* Motiv geben: Freude - und nicht Leid, ist es doch sein Weg zum Licht, der Weg des Menschen zur Unsterblichkeit. Alles andere würde sich früher oder später rächen. Jetzt aber, da all das Schmerzhafte und Leidverzerrte in ihr ans Tageslicht gekommen war, herausgeeitert wie ein blutiger Dorn, durchlitten, durchlebt und bereinigt, war Lea bereit für die Freude, und sie begriff mit einem lichtvollen Durchzucken, dass ihre eigene weitere Entwicklung, der Zutritt zum Neuen und das Schreiben darüber, miteinander verbunden sein würden, so als würde das eine das andere beschleunigen.

Ja, sie wollte sich aufmachen, die Sprache des Neuen zu finden, dessen gewaltige Bilder und Hieroglyphen, das noch Unsagbare in Sprache fassen, in Worte, wie vom Himmel gefallen, in einen Rhythmus wie ein Lied, und ganz gewiss würde sich hierüber dann auch der Weg ins neue Land eröffnen. Denn plötzlich wusste Lea auch, dass dem Menschen, so wie er sich dem Göttlichen zuwendet, Ihn sucht und Ihn liebt, der Zutritt gewährt wird zu diesem Paradies am Ende, welches ein ganz neuer, nie dagewesener Anfang ist. Aber auch die ganzen Bruchstücke, die sie bisher schon so emsig gesammelt hatte, wollte Lea dokumentieren, von allem berichten, was ihr im Leben widerfahren war und – vor allem! - sich noch ereignen würde, von ihrer Reise in die Eine und einzige Wirklichkeit. Genau: Sie würde einen Reiseführer schreiben! Nicht der persönlichen, bunt durcheinander gewürfelten Erlebnisse wegen, sondern wegen jenes leuchtenden Fadens, der immer kräftiger das Gewebe ihres Lebens durchwirkte und auf etwas viel Größeres, Schöneres und auf eine geheime Ordnung hinter allem verwies. Auch wenn ein jeder Mensch seinen ganz eigenen Weg zu Gott und dem Neuen finden muss, so sind die Grundprinzipien dieser unzähligen individuellen Wege gewiss doch die gleichen. Und je mehr einzelne Mutige diesen Weg beschreiten und davon künden, jeder auf die ihm gemäße Weise, als Sänger und Dichter des Unendlichen, umso breiter und leichter wird der Weg, bis immer mehr Menschen, allesamt Gefährten des Lichts, wie ein gewaltiger, sich wälzender Strom das rettende Ufer jenes Landes erreichen, in dem Milch und Honig fließen.

Und alles, was sie selbst vom Leben verstanden hatte und wie es funktioniert, seine tiefgründigen Zusammenhänge, seine Bedeutungshaftigkeit, seinen Sinn, wollte Lea der Welt zurückgeben und ihrem geliebten Gott, dies sollte ihr Vermächtnis sein, ihr Lobgesang, ihr Geschenk an den Ewigen als Dank für die ihr widerfahrene Gnade. Von Johann Sebastian Bach war ihr bekannt, dass er unter jede seiner Kompositionen das Kürzel SDG setzte – Soli Deo Gloria: „einzig zu Gottes Ehre“ – und das sollten nun auch ihre ersten Buchstaben sein, die sie zu Papier bringen wollte, beziehungsweise auf den Bildschirm ihres PCs. Ja, jetzt, mit diesen Ideen, war sie absolut sicher, dass genau dies der Weg war, diese überfließende Fülle, die wie aus einer unsichtbaren Quelle heraus ununterbrochen in ihr Bewusstsein strömte, zu kanalisieren, sie fließen und erblühen zu lassen. Jede Blüte eine beglückende Erkenntnis, jeder Strauß aus ihnen ein neues Buch – fröhlich bunte Blumensträuße, goldene Ähren hineingebunden, reiche Garben himmlischen Weizens - und all die so herrlich duftenden Sträuße zusammen das Neue Leben! So würde sich mit der Zeit der Garten der Wunder offenbaren, ein neuer Garten Eden, und sie würde die schönsten Blumen darin ziehen!

In Windeseile schrieb Lea diese Gedanken und Erkenntnisse auf. Es blieb nicht viel Zeit, denn gleich begann ihre Arbeit im Sportgeschäft. Sie musste sich schon sputen, aber gerade einen Tag zuvor hatte ihr Schwager ihr, zum Glück, ein eigenes Fahrrad geschenkt, damit reduzierte sich die Zeit für die Wegstrecke erheblich. Das Fahrrad war gebraucht, aber wie neu und von einer Firma namens „Pegasus". Sein Gestänge war tief dunkelblau, darauf in goldener Schrift der Namenszug und, rechts daneben und wie darüber schwebend, ein weißes Pferd mit weißen Flügeln als Emblem. Irgendwie erinnerte diese Komposition Lea ein wenig an den Sternenhimmel, so ein schönes Fahrrad hatte sie noch nie besessen. Als sie das Haus verließ, montierten zwei Männer vom städtischen Energiewerk auf der gegenüberliegenden

Straßenseite soeben neue moderne Laternen, und es wurde etwas heller in der Welt.

25

Jeder Mensch bekommt mit seinem Leben ein kleines Stückchen vom Paradies geschenkt. Dieses darf er nach eigenem Gutdünken bewirtschaften und bepflanzen. Am Anfang allerdings ist das Stückchen Paradies noch nicht als solches zu erkennen. Es ist ja noch unkultiviert und sieht daher eher wie eine Ödnis oder wie eine Wildnis aus. Manche Menschen machen sich – voller Dank für die ihnen anvertraute Scholle Erde – sogleich daran, diese eifrig zu bestellen. Sie ackern und rackern, entfernen Wildwuchs, pflügen, säen, düngen, kurzum pflegen das, was ihnen geschenkt wurde und daraufhin gedeiht und wächst. Sie erhalten mit der Zeit einen herrlich fruchtbaren Garten voller Früchte und Blumen, an denen sie selbst, die Menschen und sogar der Herrgott sich erfreuen.

Andere hingegen sind von Anfang an unzufrieden und aufmüpfig, aus den verschiedensten Gründen: weil die anfängliche Ödnis nicht dem entspricht, was sie sich von einem Garten versprachen; weil es woanders schon grünt und blüht; oder gar, weil sie meinen, ihr Stückchen Land sei zu klein, ihnen gebühre ein größeres Stück vom Ganzen. Das sind die Leute, die nicht begreifen, dass beim Paradies jedes Stück doch immer schon zugleich das Ganze ist, weil das Paradies ja keine Grenzen kennt. Und wenn all die schönen Blumen, die ihnen im Geiste vorschweben, noch nicht darin wachsen, oder sie merken, dass die lieblos gezogenen Früchte, die sie ernten, ihnen nicht schmecken, so fangen sie an, sich gierig in den Nachbargärten umzusehen. Als nächstes versuchen sie, die vermeintlichen Grenzen ihres Gärtchens heimlich weiter zu stecken, weil das, was sie wollen oder wovon sie meinen, es stünde ihnen zu, sich für sie immer „jenseits" des ihnen zugeteilten Bereiches befindet. Sie kommen erst gar nicht darauf, ihren Einsatz diesseits, im eigenen Garten, zu bringen, wollen stattdessen sofort fertige Ergebnisse sehen. Die herrlichen Blumen des fleißigen Nachbarn aber verdorren im eigenen lieblosen Garten, wenn man sie stiehlt. Je prächtiger eine Blume ist, ein desto schöneres Urbild spiegelt sich darin, genau wie beim Menschen – eben als gelungenes Abbild dessen, der die Pflanze zu hegen und pflegen wusste. In den falschen Händen aber verdirbt alle Pracht, und die noch so schöne Blütenfülle wandelt sich in einen Schrecken.

Manchmal jedoch bekommt man von einem anderen, der bereits ein Meister-Gärtner ist, einen Ableger einer seiner Pflanzen geschenkt. Wird dieser dann gut gepflegt, so kann die Pflanze auch im eigenen Garten gedeihen, wobei sie jedoch stets eine etwas andere Gestalt und Farbe annimmt. Auch die Früchte dieser geschenkten Pflanzen darf man getrost essen, denn dem, der sich selbst die Mühe damit macht, schmecken die Früchte immer saftig und süß. Nur die gestohlenen schmecken grässlich und bitter. Und Früchte, für die man selbst noch nicht reif ist, liegen einem unverdaulich im Magen und werden ungenossen wieder ausgeschieden – wie schade darum!

In einem liebevoll gepflegten Garten ändert sich mit der Zeit nicht nur die Beschaffenheit der Erde, sondern auch das Wetter. Der Himmel wird heiter, heller und weiter, durchlässig und klar, bis immer mehr von der Sonne durchdringt. So lebt der Gärtner dieses Gartens froh und geborgen auf dem von ihm vollendeten Stückchen Erde und darf teilhaben am Paradies, weil er, ohne es zu merken, still und leise und ganz bescheiden selbst ein Stück davon geworden ist.

26

Während Lea in beseligenden Gewissheiten schwelgte und innerlich immer mehr die Freude bei ihr Einzug hielt, gestalteten sich ihr Alltag und das Leben draußen zäh, mit neuen Schwierigkeiten behaftet, somit reichlich anders. Das Frühjahr hatte so verheißungsvoll begonnen, jetzt aber wehte ein schneidender Wind, unerbittlicher Verfolger der noch so zarten Herzensflamme. Ihre Arbeit im Sportgeschäft hatte Lea im Februar aufgenommen. Als sie sich für die Stelle bewarb, hatte sie sich kaum Chancen erhofft, da sie ja keine gelernte Verkäuferin war und außer einer recht guten Menschenkenntnis, von ein paar bekannten Blindflecken mal abgesehen, keinerlei Vorerfahrung vorzuweisen hatte. Zudem befürchtete sie, aufgrund ihres fortgeschrittenen Alters doch schon viel zu alt zu sein für solch ein dynamisch-junges Geschäft, zumal es, wie man sie beim Bewerbungsgespräch gleich wissen ließ, mehrere ausgebildete Mitbewerber gab. Dann aber lud man sie immerhin schon mal ein, zwei Tage zur Probe zu arbeiten, und Lea war von dem Geschäft und den dortigen Tätigkeiten recht angetan, auf jeden Fall war es besser als zu putzen. Von da an hoffte sie, man möge sie nehmen, allen Ungereimtheiten ihrer Lebensgeschichte und den ausgebildeten Bewerbern zum Trotz, denn auf irgendeine Weise musste sie schließlich ja auch wieder ihren Lebensunterhalt verdienen – und man hatte sie tatsächlich genommen. Da war sie erst einmal sehr froh.

Nachdem sie voller Elan in dem Geschäft zu arbeiten begonnen hatte, trat leider bald darauf schon eine ziemliche Ernüchterung ein. Für Lea waren, logischerweise, sämtliche ihr übertragenen Aufgaben erst einmal vollkommen neu: das über zwei Etagen verteilte riesige Warensortiment, das Etikettieren, Beraten und Kassieren sowie die diversen Büroarbeiten. Und da sie keine wirkliche Einarbeitung erhielt, musste sie ständig die Kollegen fragen, was ihr Unmut und Verärgerung einbrachte, denn in dem gut florierenden Laden standen alle Mitarbeiter sowieso schon permanent unter Strom. Sie lernte im Grunde genommen nur mittels „learning by doing“, man konnte es auch „Versuch und Irrtum“ nennen. So ließ man sie alle möglichen Arbeiten einfach tun, ohne sie über das „Wie“ und „Wozu“ aufzuklären, und wenn ihr dann unweigerlich Fehler unterliefen, wurde sie heftig angeschnauzt, wobei die Anschisse, wie Lea fand, über Gebühr lange dauerten, fast so als weideten sich die Kollegen daran, dass jetzt eine Neue am untersten Ende ihrer Hackordnung stand. Lea war davon überzeugt, dass diese es nicht einmal böse meinten, es wahrscheinlich noch nicht einmal selbst bemerkten, denn so sind eben die Menschen. Überhaupt herrschte plötzlich ein rauer Ton, und Lea fühlte sich, merkwürdigerweise nur von den weiblichen Kolleginnen, wie „weggebissen“, dabei war sie für solche Stutenkämpfe doch eigentlich schon zu alt, spürte deren Unwillen, sie als unvermeidlich neuen Fremdkörper in ihrem Team zu integrieren.

Hinzu kam der Stress durch die zahllosen, nicht immer einfachen Kunden. Es gab Stoßzeiten an manchen Tagen, da ging ununterbrochen die Ladentür auf und ein Schwarm von Kunden nach dem anderen ergoss sich ins Geschäft, ein jeder von ihnen in der Erwartung, sofort und ohne Verzögerung bedient zu werden. An solchen Tagen war Lea schon mittags übel vor Stress, dabei hatte sie doch gerade erst die Hälfte ihrer täglichen Arbeitszeit hinter sich. Sie verbrachte so manche Abende zuhause weinend, mit sich ringend, gleich wieder das Handtuch zu werfen; und wo war ihr tiefer Frieden von der Burg? Aber was war die Alternative? Wieder zurück ins Hotel, Zimmermädchen bis zur Rente? Oder doch noch einmal etwas anderes suchen? Ihr so hoch gelobtes Vertrauen ins Leben wurde in diesen ersten Wochen am neuen Arbeitsplatz gewaltig auf die Probe gestellt, und, wie sie sich zerknirscht eingestehen musste, auch ein wenig ihre Liebe zu Gott, der sie sich doch nun ganz hatte widmen wollen. Aber sie fühlte sich wie in einen Strudel hineingezogen, der es ihr schwer machte, ihr Bewusstsein zu halten.

Zwar gab es lichte Momente, in denen sie sich ihrer Erfahrung von Bamberg entsann, sich bewusst machte, dass all das, was sie da scheinbar außen umtobte, sich doch in ihr selbst befand, im Radius ihres eigenen Bewusstseins, und damit nicht von ihr getrennt. Aber es gelang ihr nicht, in die erleuchtete Wahrnehmung von Anfang des Jahres zurückzufinden. So entschied Lea sich dafür, tapfer die Zähne zusammenzubeißen, so schnell zu lernen, wie sie nur konnte, sich allerdings auch da, wo ihr Unrecht getan wurde, zu wehren. In den Wochen darauf wurde es für sie im Geschäft durch die neue Strategie tatsächlich etwas leichter, wirklich glücklich allerdings war sie dort nicht. Aber sie musste ja vernünftig sein und auch ans Geldverdienen denken.

Nur die Fahrten zum Arbeitsplatz hin und wieder zurück machten Lea uneingeschränkt glücklich und gaben ihr das Gefühl, als hole sie mit ihrem neuen Fahrrad ein gutes Stück Kindheit nach, denn damals hatte sie nie eines besessen. An der Stelle der Wegstrecke, an der es einen ziemlich steilen Hang hochging, stellte Lea sich rechtzeitig senkrecht in die Pedale, so wie es sonst nur Kinder und Jugendliche tun, um ordentlich Fahrt aufzunehmen und freute sich über das Tempo, das sie damit erreichte und das sie locker den Berg hinauf trug: Leas wilder Ritt auf ihrem Himmelspferd. Oben angelangt, ließ sie sich so rasant die andere Seite des Hangs hinuntersausen, dass ihr die Haare nur so um die Ohren flogen, glücklich im Rausch der Geschwindigkeit.

Der ungewöhnliche Name des Fahrrads – „Pegasus“ - und das strahlend weiße Emblem auf dem dunkelblauen metallischen Grund faszinierten sie, und da für Lea die ganze Welt ja symbolisch war, recherchierte sie sogleich nach dessen Bedeutung. „Pegasus“, so fand sie heraus, ist ein Fabeltier der griechischen Mythologie und meint, von der reinen Übersetzung her, zunächst nur „stark“. Später entwickelte es sich zum so genannten „Dichter“ - oder „Musenross“, da Pegasus, wie die Legende erzählt, mit seinem Huf auf den Berg Helikon, dem Sitz der neun Musen, schlug, woraufhin dort eine Quelle entsprang, die jedem, der aus ihr trinkt, Inspiration und poetische Fähigkeiten verleihen soll. Zum Schluss wurde Pegasus aufgrund treuer Dienste von Göttervater Zeus persönlich in ein Sternbild verwandelt und an den nördlichen Himmel versetzt. Welch merkwürdige Koinzidenz, dachte Lea, fast zum gleichen Zeitpunkt – es lag ja nur ein einziger Tag dazwischen – ein Fahrrad namens „Pegasus“ geschenkt zu bekommen, an dem sie entschieden hatte, wieder zu schreiben. Sollte dies womöglich ein Wink des Schicksals sein, sich lieber ganz dem Schreiben zu widmen, als sich im Sportgeschäft mit patzigen Kolleginnen herumzuärgern? Welch beglückende Fantasie, aber derzeit wohl noch viel zu früh und zu ungewiss, daher blieb Lea nichts anderes übrig, als „ihren“ Pegasus fürs Erste vor allem in Gestalt eines Stahlrosses zu genießen. Zudem hatte Lea aus den Katastrophen in ihrem Leben die Lehre gezogen, nie wieder eigenhändig an ihrem Leben herum zu manipulieren, nicht ohne eindeutigen Impuls aus ihrem Innern die Weichen anders zu stellen, und einen solchen verspürte sie noch nicht. So blieb auch dieses Rätsel zunächst noch ungelöst.

27

Zwischenzeitlich, das Frühjahr war darüber weiter vorangeschritten, hatte Lea emsig geschrieben, ihr ganzes bisheriges Leben mit seinen wesentlichen Ereignissen zusammengefasst, und das neben der belastenden und anstrengenden Arbeit im Geschäft. Sie stellte sich morgens für sechs Uhr den Wecker, um vor Arbeitsbeginn noch anderthalb Stunden Zeit zum Schreiben zu haben, denn nach Arbeitsschluss war nichts mehr mit ihr anzufangen.

An einem Tag, es war ein trüber Frühlingstag kurz vor Ostern, an dem ein winterlich aufflackernder Wind von neuem die ersten, in diesem Jahr sowieso nur mühsam emporkeimenden Vorboten des Lichts zu vertreiben versuchte, hatte Lea sich so tief in ihren bisherigen Text versenkt, dass sie – zumal sie derzeit ja gerade emotional etwas geschwächt und somit anfällig dafür war - das ganze Leid, das ihr je widerfahren war, mit aller Wucht übermannte und sie weinen musste. Es war kein Selbstmitleid im eigentlichen Sinne, eher so, als betrachte eine gütige innere Instanz voller Mitgefühl mit ihr gemeinsam noch einmal abschließend ihr bisheriges Leben. Sie war in ihrem Bericht nämlich an der Stelle ihres Lebens angelangt, an der sie – zu allem sonstigen Übel – auch noch einem Triebtäter in die Hände gefallen war; dies war erst wenige Jahre her.

Lea war damals in einem ihrem Wohnort nahe gelegenen Erholungsgebiet joggen, als ein kräftiger junger Kerl sie hinterrücks überfiel. Da dieser unverzüglich begann, sich mit einer Hand an ihrer Kleidung zu schaffen zu machen, sie mit der anderen eisern umklammert hielt, erfasste sie sofort, was ihr da drohte, war vor Schock und Entsetzen jedoch völlig gelähmt. Die Szene, die sie da gerade eben erlebte, erschien ihr vollkommen irreal, machte sie unfähig zu reagieren. Nach diesen ersten, in Panik erstarrten Minuten war Lea zu nichts anderem in der Lage, als flehentlich zu betteln, der Mann möge doch ablassen von ihr, aber ihre Hilflosigkeit spornte diesen nur weiter an. Dann aber hatte sie sich zum ersten Mal in ihrem Leben gewehrt, denn es schoss ihr wie ein Blitz in den Sinn, dass sie, wenn sie sich jetzt nicht endlich wehrte, die nächste halbe Stunde mit großer Wahrscheinlichkeit nicht überleben würde.

Und da erst zündete bei Lea der Funke, der seit ihrer Geburt noch immer nur schwach am Schwelen war, sich endlich voll und ganz *für* das Leben zu entscheiden. Ihr unerwarteter Ausbruch und ihr Schreien waren, da völlig ungeübt, vergleichsweise zaghafter Natur, genügten aber verblüffenderweise, dass der doch um so vieles stärkere Täter tatsächlich abließ von ihr, er hatte damit ganz offensichtlich nicht gerechnet. Daraufhin war Lea, so schnell ihre schlotternden Beine sie trugen, nachhause gerannt, und dort erst, in sicherer Obhut, zusammengebrochen. Philipp brachte sie gleich darauf zur Polizei, wo sie nach der Aufnahme eines Protokolls ihre Kleidung abgeben musste, um DNA-Spuren zu sichern. Danach verlief alles wie in einem Film: Es wurde zusammen mit der Kripo ein Fahndungsfoto erstellt, in der Zeitung abgedruckt und überall in der Stadt aufgehängt. Das Foto war so realistisch gelungen, dass der Täter tatsächlich gefasst werden konnte. Dann musste Lea ihn noch, inmitten einer Gruppe anderer junger Männer ähnlich kräftiger Größe und Statur, durch eine Einwegscheibe hindurch identifizieren, er kam daraufhin hinter Gitter.

Lea fragte sich bei ihrer Rückschau sehr wohl, weshalb sie all das hatte erleben müssen. Dabei hatte sie einige Episoden sogar weggelassen, die allerschlimmsten: ihre „Erlebnisse aus der Hölle“, wie sie es nannte - die Phasen der Psychosen, ihres Irrsinns und der Psychiatrie. Denn ein solch eminentes Grauen, das sie dort – im Außen wie im Innern - erlebt hatte, überstieg alle Worte, weshalb Lea für immer darüber zu schweigen beschloss. Ihre Frage nach dem „Warum“ war dennoch rein rhetorisch, denn erstaunlicherweise hatte Lea weder ihrem Schicksal noch Gott angesichts all des Erlittenen jemals gezürnt. Daran, dass Er, der Erhabene, der Allmächtige und Allwissende, nur das geschehen ließ, was aus einem für den menschlichen Verstand so uneinsehbaren, zunächst nicht nachvollziehbaren Plan heraus geschehen musste, hatte sie nie gezweifelt. Es gab eben nur ein paar Sequenzen in ihrem Leben, die sie noch nicht ganz verstand. Angesichts der nur knapp entronnenen Vergewaltigung war ihr damals allerdings schnell klar, dass erst da, wo es auf Leben und Tod bei ihr ging, nicht nur ihr Lebenswillen endlich vollends entflammte, sondern sie auch endlich gewagt hatte, sich zu wehren. Sie hatte, in diesem lebensbedrohlichen Moment, ihren Willen wiedergefunden, der doch seit ihrer Kindheit in Trümmern lag.

Trotz ihrer Einsichten in mögliche Bedeutungen war Lea doch mehr als verwundert darüber, dass sie an ihrem bisherigen Lebensweg nicht gänzlich zerbrochen, sondern durch ein unfassbares Wunder sogar genesen und mehr als das: heil geworden war. Es musste also tatsächlich irgendetwas in ihr geben, eine Instanz oder innere Macht, die sie durch all das hindurch behütet und geführt hatte, aus der tiefsten Dunkelheit ans Licht, und alles gemeinsam mit ihr durchlitten hatte. Dieses so wundersam sich erbarmende Wesen konnte für Lea nur ihre Seele sein, die aus einem nicht-physischen Hintergrund heraus das ganze Leid nicht nur mitgetragen, sondern oft genug zur Gänze übernommen haben musste, damit Lea selbst eben nicht daran zerbrach.

Und über diesem Gedankengang wurde Lea auf einmal bewusst, wie viel Not und Pein die arme menschliche Seele Leben für Leben aushalten muss, und wie gut es doch ist, dass nach jedem Leben der gnädige Vorhang des Vergessens fällt. Lea fand es in dieser ziemlich angeschlagenen Verfassung, in der sie gerade war, schwer zu ertragen, dass die Seele des Menschen überhaupt an das Kreuz der Materie genagelt ist. Und das für die so endlos lang erscheinende Zeit, bis sie endlich wieder zu vollem Bewusstsein erwacht. Erst dann, so verspürte es Lea in diesen ersten Frühlingswochen gerade selbst, kehrten wirkliche Freude und Glück parallel zum Ausmaß des Erwachens wieder ein. An vergangene Leben konnte Lea sich in diesem Stadium nur bruchstückhaft erinnern, am deutlichsten an einige frühere Tode, aber sie spürte dennoch, dass ihre Seele so ziemlich alles, was es an Erfahrungen gab, durchlebt und durchlitten hatte, fast so, als könne sie nicht zur Vollendung reifen, wenn ihr auch nur eine einzige dem Menschen mögliche Erfahrung noch fehlte.

So steinig der Weg der Seele über lange Strecken hinweg auch ist, Fortschritt, Transformation und Vollendung – das sah Lea wohl ein - gibt es eben nur auf Erden, für so lange Zeit unter dem schweren Mantel der Materie versteckt. Lea fiel dazu eine Erfahrung aus ihren jungen Jahren im Rahmen eines Rebirthing-Workshops ein, die sich auf einen noch vorgeburtlichen Zustand bezog, als sie noch reines Licht war und frei und körperlos. Sie hatte damals erlebt, wie sich um dieses noch reine und freie Licht herum plötzlich eine Hülle nach der anderen legte, eine fester, schwerer und dunkler als die andere, bis ihr Licht zum Schluss wie unter einem schwarzen Kohlensack fast erstickte, und sie hatte geschrien wie niemals zuvor und niemals danach in ihrem Leben. Aber eben nur, wer das Kreuz des Erdenlebens auf sich nimmt, kann es von innen heraus verwandeln. Und nur ein zutiefst gewandelter Mensch erschafft durch eben diese Wandlung eine neue Welt.

Folgt, so gesehen, fragte Lea sich, in weitere Betrachtungen versunken, nicht eigentlich jede menschliche Seele den Fußstapfen Jesu, der, als wahrer Sohn Gottes, beispielhaft und so tapfer diese Nachtmeerfahrt der Seele durch die Materie hindurch bis zur Auferstehung und damit bis zu seiner Vollendung durchschritt und durchlitt? Und erlebt nicht jeder Mensch somit irgendwann, wenn auch seine Seele erwacht, in sich das, was sie, Lea, gerade eben erlebte: die Geburt des göttlichen Kindes, die anschließende Verfolgung des allzu lichtvollen Zarten bis hin zu „seinem“

Karfreitag? Aber auf Karfreitag folgt unweigerlich Ostern, „sein“ Ostern, an dem der Mensch endgültig und unwiederbringlich erwacht und damit von den Toten aufersteht.

In den Büchern des Theologen Eugen Drewermann, den Lea schätzte und hoch verehrte, war sie vor einiger Zeit auf die Interpretation gestoßen, dass der „Mythos Jesu“ nicht nur als historische Tatsache zu verstehen sei, sondern auch und vor allem als ein innerer, ein psychischer Prozess, als Ausdruck eines Mysteriums, das alle Menschen früher oder später erleben, dann, wenn sie von ihrer Entwicklung her dafür reif sind. Dieser Gedanke war für Lea eine regelrechte Offenbarung gewesen und es stand damals sofort für sie fest: Drewermann hat Recht. Es heißt ja auch in der Bibel, im Prolog des Johannes-Evangeliums, über Jesus Christus: „Das wahre Licht, das *jeden Menschen* erleuchtet, kam in die Welt.“ Aber was sind „Karfreitag“, Ostern und Auferstehung eigentlich psychologisch betrachtet? Handelt es sich dabei nicht um *die* Entscheidung, die jeder Mensch irgendwann für sich treffen muss: ob er an den Tod glaubt oder an das Leben? Und man braucht als Menschlein doch nur diesen auserwählten Großen zu folgen, mit einem Glauben, „nicht größer als ein Senfkorn“, wie Jesus verhieß. Außerdem ist Leben ja beileibe nicht nur Leiden, sondern auch und vor allem – zumindest ab jenem gewissen und so geheimnisvollen Wendepunkt, an dem Lea sich selbst inzwischen befand – Freude. Freude über Freude, sich unablässig steigernd, selbst da, wo man glaubt, es gäbe keine Steigerung mehr.

Und wie lange soll die menschliche Seele, diese Flamme, die aus dem göttlichen Ur-Feuer stammt, denn noch ans Kreuz der Materie geschlagen sein? Vom Zustand der noch unbewussten Horizontalen gilt es, sich irgendwann in die Vertikale zu erheben, *aufzustehen*, das heißt, sich seiner selbst bewusst zu werden, denn nur so lässt das Kreuz sich überwinden. In jedem Menschen aber, der sich seinem Innersten und damit dem Göttlichen zuwendet, erhebt sich Gott von Neuem; jeder Mensch, der aufsteht, auf-*er*-steht, erweckt Gott in sich zum Leben und wird dadurch selbst unsterblich.

Und wovor hat der Mensch eigentlich Angst? Es gibt, so erkannte Lea, schließlich kein anderes „Totenreich“ als eine unbewusste Existenz auf Erden, keinen anderen Tod, als den, in einem umnebelten, herabgedämpften Bewusstsein zu leben, dessen Licht unter tausend Mechanismen und unreflektierten Automatismen versteckt. Das, was einen Menschen gegen „Ende“ seines Weges der Bewusstwerdung erwartet, ist daher nicht der Tod, schon gar kein endgültiger, keine Ewige Nacht, sondern das Ewige Leben: DAS LEBEN mit seinem goldenen Licht und seiner immer weiteren und immer höheren Evolution – von Leben zu Leben, von Seligkeit zu Seligkeit, kein Stillstand, kein Ende: immerwährende Erneuerung. Denn „Tod“ würde ja bedeuten: Abwesenheit von Bewusstheit, sprich: Licht. Aber das ganze Universum mit all seinen Wesen und Welten ist aus Sein, Bewusstsein, Seligkeit aufgebaut; „kein“ Bewusstsein gibt es nicht, weder auf Erden noch im Universum, und in der Transzendenz schon gar nicht! Bewusstsein kann – wie im Stein oder im Baum und im Tier - schlafen oder träumen oder, wie im Menschen, wachsen, sich wandeln und schließlich erwachen. Denn das Licht des Bewusstseins nimmt mit jedem Leben eines Menschen, sofern er dies zulässt, unablässig und unaufhaltsam zu, jede Seele strebt unermüdlich zu ihrer heimatlichen Quelle. Und eine erwachte Seele ist sich ihrer Sonne, ihres Selbst, immer gewiss, da Licht von ihrem Licht, selbst Kind der göttlichen Flamme. Es stirbt ja auch die Sonne nicht, wenn sie des Nachts die andere Seite der Erde umrundet.

Nicht der Tod ist daher das Ende aller Wesen und Dinge, denn er ist – wie die Geburt – nur ein Tor zu einem anderen Zustand, sondern das Erwachen: die Auferstehung hinein in das Ewige Leben, das zugleich ein neuer Anfang ist. Und diese Auferstehung geschieht nicht in irgendeiner jenseitigen Welt, sondern jetzt und hier – mitten im Leben auf Erden und in jedem einzelnen Menschen. Denn „Auferstehung“ heißt doch, dass die Seele im physischen Körper eines Menschen wieder zu sich selbst erwacht, und durch diesen, der selber hell und licht geworden ist, hindurch zu scheinen und zu tönen beginnt. „Person“ kommt vom lateinischen „personare“, welches „Hindurchtönen“ meint; ein solcher Mensch ist wahrer Mensch geworden, bis dahin ist jeder nur der Schatten seiner selbst. Auf Polynesisch - diesen kleinen Hinweis hatte Lea gerade vor wenigen Tagen in einem Büchlein entdeckt -, heiße Gott „Atua“, auf Deutsch: „STEH AUF!“

Nach dem Einströmen all dieser Erkenntnisse stand Lea auf einmal das Bild vor Augen, dass es für alles, was sie je erlebt hatte, eine Art Filmrolle gäbe. Nur eine einzige, wie eine Blaupause für die unzähligen Leben, von denen ein jedes deren Inhalt ein wenig variierte. Und es kam ihr vor, als bestünde diese Filmrolle aus zwei Seiten, und sie habe mit all ihren Leben bisher nur die eine Seite der Filmrolle durchlebt, sodass es nun gleich auf der anderen Seite weitergehen würde. Jetzt aber, am Ende dieser Leben angelangt und am Ende der ihr bekannten Welt, ließ jemand mit ihr gemeinsam alles je Erlebte noch einmal vor ihrem inneren Auge vorüberziehen, wobei die restlichen noch vorhandenen Gegensätze sich vereinigten in einem übergeordneten Sinn, und die letzten Ungereimtheiten sich klärten.

Und überhaupt waren in ihrem jetzigen Leben, fiel Lea dabei auf, schon immer die Gegensätze auf merkwürdige Weise zusammengefallen, und hatte nicht auch der Anfang der Geschichte, die sie gerade schrieb, das Ende schon vorweggenommen? Als Kind musste sie früh erwachsen und vernünftig sein, jetzt, im fortgeschrittenen Alter, fühlte sie sich immer mehr wie ein Kind; bei ihrer Geburt war sie gestorben und wiederbelebt worden, jetzt aber wurde sie sich ihrer Unsterblichkeit bewusst und eines sich unablässig wandelnden Lebens. Und Lea bemerkte, dass ihre Lebensuhr auf einmal rückwärtslief. Es kam ihr auch vor, als würden bei diesem Prozess des Rückwärtslaufens die beiden Seiten dieser Filmrolle jetzt mit großen Stichen zusammengenäht, und während die Zeit so rückwärtslief, näherte sie sich ihrem Ende, dem Anfang. Und dann auf einmal, dort angelangt, wo alles beginnt und alles endet, wo Alpha und Omega eins sind, da gab es urplötzlich nur noch *einen* Raum und nur noch *Eine* Welt: zeitlose goldene Weite. Diesseits und Jenseits sind darin eins, wie zwei Vögel in einem Baum, friedvoll Seite an Seite. Alles, was einst außen war, fand Lea nun innen - aufgehende Sterne am eigenen Firmament. Es gab keine „Anderen", nichts Fremdes mehr, sie hatte all ihre Projektionen in sich selbst zurückgeholt, heim in ihr immer weiter werdendes Herz. Die Zeit war gekommen, aufzubrechen in diese größere, schönere Neue Welt.

Jede erwachende Seele ist wie eine neue Sonne, ein aufgegangener Stern, und wenn alle erwacht sind, leuchtet der ganze Himmel.

28

Es war einmal ein König, der hatte drei Frauen. Eines Tages entsandte er sie mit dem Auftrag, hinein in das Erdreich und durch es hindurch zu gehen. Da erschraken die drei Frauen sehr und weinten, denn sie wussten, dies war der sichere Untergang. Einer der Frauen jedoch, der in der Mitte, versicherte der König, dass sie dabei nicht sterben werde, denn sie war ihm die Liebste von allen. Und als die drei Frauen so gingen, in das Erdreich hinein und durch es hindurch, verstarben sie doch alle – auch die in der Mitte. Da wurde diese tief traurig darüber, dass ihr Herr sein Wort gebrochen hatte, aber sie hielt dennoch unerschüttert in ihrem Glauben an ihn fest. Weiter und weiter ging sie daher, durch das Reich des Todes hindurch, bis sie das Ende erreichte und auf der anderen Seite der Welt wieder herauskam. Dort, wieder ins Freie tretend, wurde sie von etwas sehr Hellem empfangen, einem ungewöhnlich klaren Licht, das – zu ihrer Überraschung - ihr selbst entströmte. Und sie begriff, dass der vermeintliche Untergang in Wirklichkeit gar kein Tod, sondern eine große Wandlung gewesen war, die größte dem Menschen mögliche. Sie hatte die Finsternis durchschritten und war nun zum wahren Leben erwacht. Da war ihre Freude unermesslich, und sie lobte und pries ihren Herrn, der sie für immer und ewig überglücklich in Seine Arme schloss.

29

Das Neue hatte sich in der Zwischenzeit, je stärker seine Gegenwart sich in Lea manifestierte, tatsächlich als eine Öffnung, als ein Fenster entpuppt, und Lea wunderte sich, weshalb sie für das, was da in ihrem Innersten stetig heranwuchs, ausgerechnet den Begriff eines „Fensters“ für so überaus passend hielt. Wissbegierig wie immer, recherchierte sie nach dessen etymologischen Wurzeln und fand heraus, dass dieses Wort einerseits auf das lateinische Wort „fenestra“ zurückgehe, welches eine Öffnung in der Wand für Licht und Luft bezeichnet. Andererseits stamme es vom althochdeutschen „augatora“ ab, womit eine augenförmige Öffnung gemeint war, das so genannte „Augentor“. Nun verstand Lea, weshalb kaum ein anderer Begriff ihr neues Empfinden hätte besser treffen können. Denn das ganze Wesen des Neuen war Licht und reine Offenheit, wie ein sanftes Auge, in dem nichts mehr den herzensaufrichtigen Blick verstellt. Es verfügte damit über die Fähigkeit, sich mit allem, was ihm gegenübertrat, sofort zu vereinen, vielmehr mit dem, was jeweils dahinter lag. Denn es gibt nur *eine* Kraft in der Welt, und sie ist in allen und allem dieselbe. Das neue Wesen ist ebenso offen wie frei.

Es fiel Lea, so wie das Neue in ihr an Kraft gewann, auch wesentlich leichter, immer wieder an ihren göttlichen Geliebten zu denken, auf Ihn konzentriert zu bleiben, sich Seiner zu vergegenwärtigen. Sie lud Ihn ein, an ihrem Alltag teilzuhaben, an all den kleinen, so scheinbar banalen Geschehnissen des Lebens, erläuterte Ihm freudig dies und das, denn wie sollte Er denn sonst verstehen, was es heißt, Mensch zu sein? Sie kam sich vor wie eine kleine Biene, die, mit schwirrenden Flügeln, emsig die Gegend durchstreift, um alles, was gut und schön und köstlich war, wie süßen Nektar zu sammeln, um diesen den Unnennbaren darzureichen - als Honig, Ambrosia, für Gott und die Götter. Für Momente hielt Lea auch auf der Arbeit inne, wenn es gerade mal niemand sah, lenkte den Strahl ihres Bewusstseins nach innen, in ihr Herz, wo sie Ihn jedes Mal sogleich vorfand, wenn sie Ihn rief. Kurze, gestohlene Oasen der Besinnung und des Glücks. Lea erschrak jedoch zutiefst, als sie das erste Mal auf ihr anhaltendes Werben hin tatsächlich eine unüberhörbare Antwort erhielt, und registrierte mit innerem Erbeben, dass Gott nicht nur das Unsagbare, das unfassbare Unermessliche – und damit apersonal - ist, an das sie bisher ihre Liebe gewandt hatte, sondern auch und insbesondere: *Person.* Ja, es kam ihr vom Empfinden her sogar vor, als throne selbst noch oberhalb der Transzendenz, die sie bisher doch für das nicht mehr zu Überschreitende gehalten hatte, eine ewige Person, ein allmächtiges Wesen, Urbild und Vorbild aller daraus hervorquellenden Wesen, letzter und erster, auf nichts mehr zurückführbarer Ausdruck Gottes. Noch dazu ein Wesen, mit dem der Mensch wahrhaftig in Kontakt treten kann. Wie oft wurde sie von da an gewahr, dass Sein Blick sanft auf ihr ruhte, fern und still und doch so nah, wohingegen sie Ihm inmitten des alltäglichen Trubels mal wieder entglitten war.

Zusammen mit ihrer Liebe für Ihn hatte ein neues Herz zu schlagen begonnen, von dem Leas physisches Herz ihr wie eine Miniaturausgabe erschien, so kraftvoll und mächtig war jenes. Dröhnendes Klopfen. Sie spürte ihr eigenes kleines Herz im Einklang mit diesem, so viel größeren und stärkeren Herzen schlagen, mitunter noch holpern, so als würde es erst nach und nach mit diesem synchronisiert. Gab es so etwas wie ein Herz der Welt, fragte Lea sich, ein „Weltenherz"? Und wenn ja, was ist das? Sie konnte auch dies noch nicht verorten. Vielleicht aber war dieses so viel größere und stärkere Herz gar nicht neu, sondern immer schon da, und Lea wurde sich seiner Existenz nur erstmals bewusst, denn es braucht offensichtlich neue Sinnesorgane, innere Sinne, um sein Wummern zu hören. Überhaupt fühlte Lea sich in der letzten Zeit wie an einen neuen Kreislauf angeschlossen, an eine unermesslich größere Steckdose mit einem unermesslich stärkeren Strom, dessen Energie meistens heiß war, manchmal aber auch kühl und pfefferminzig frisch durch ihren Körper floss. Hauptzentrum blieb dabei die Mitte ihrer Brust, wo Kraft und Bewusstsein wie eine Art eigenständige, sich individualisierende Masse immer mehr kulminierten. Dort war es oft stundenlang heiß, so heiß, dass sie gewaltig ins Schwitzen geriet, man hätte ein Spiegelei zwischen ihren Brüsten braten können. Von dort aus floss die Energie zu Leas Extremitäten hin, durch Arme und Beine bis zu den Händen und Füßen, aber ebenso zum Steißbein und zum Kopf und jeweils noch weiter darüber hinaus. Lea musste dabei an ihren Kindheitsalptraum von dem Fahrstuhl denken, der nach oben und unten die Stockwerke durchbrach, nur dass dies hier, wegen der Seligkeit, die sie dabei verspürte, das absolute Gegenteil eines Alptraums war. Die Stellen, an denen Lea die Energie jeweils am deutlichsten wahrnahm, fühlten sich durchlässig an und leicht, so leicht, als löse ihr physischer Körper sich dort in eine neue Substanz hinein auf, als ginge er in einen neuen Zustand über, der zugleich geistig und physisch war.

Mit dem neuen Herzschlag ging auch ein neuer Atem einher, ein erquickend frischer, sanfter Wind, in den eingebettet sie sich erlebte. Auch dieser Atem schien in Lea hinein zu diffundieren, von außen nach innen pulsierend, zur Herzensmitte hin. Manchmal gelang es ihr, für einen kurzen Moment ganz loszulassen, dann war nicht mehr sie selbst diejenige, die atmete, sondern „Es" atmete in ihr, sie selbst wie in einem Bad aus reinem Sauerstoff schwebend, selig, sanft und kühl – im frühlingsfrischen Atem der noch so rätselhaften neuen Welt. Irgendwann, in nicht allzu ferner Zukunft, das wusste sie genau, würde sie den Mut haben, sich ihm gänzlich zu überlassen.

30

Auch draußen in der Natur war der Frühling endlich vollends eingekehrt, mit einer Kraft, die sich nicht mehr aufhalten ließ. Vor den Häusern der Stadt blühten die Mandelbäume mit den japanischen Kirschen und den Forsythien in Zartrosa, Pink und Gelb um die Wette, wie von einem großzügigen Maler mit mutigen Farben auf die Leinwand der Erde getuscht. Man ertrank schier in den Duft geschwängerten Lüften. Es wollte Lea scheinen, als wüchsen die üppigen, duftigen Blüten aus einem sich öffnenden Jenseits heraus hier hinüber in diese Welt, wo doch vor zwei Wochen noch alles grau und leer. Auch das erste Grün spross hier und da, und man wunderte sich, woher. In Lea wuchs das Gefühl, gemeinsam mit der Natur zu erwachen, ihre Sinnesfühler sonnenhungrig dem Licht entgegengestreckt. Wie sehr ist doch der Mensch in die Abläufe der Natur eingebettet, in deren ewige Wiederkehr. Er ist wie sie dem Rhythmus der Zeiten unterworfen, mit *seinem* Frühling, *seinem* Sommer, *seinem* Herbst und Winter. Gibt es ein überzeugenderes Urbild einer sich unablässig erneuernden Welt, ein tieferes Symbol von Wiedergeburt und Unsterblichkeit? Vielleicht noch das der Sonne mit ihrem morgendlichen Aufgang, ihrer strahlenden Reise durch den Tag, ihrem abendlichen Untergang und ihrer Nachtmeerfahrt. Die ganze Welt ist wie ein großartiges Bilderbuch für Analphabeten, die die wahre Sprache der Welt noch nicht verstehen. Sobald man aber darin zu lesen weiß, in diesem Buch, das „liber mundi“ heißt, erfährt man alles über diesen ewigen Dreiklang von Gott, Mensch und Natur. Denn wie im Großen so im Kleinen ist alles nach denselben Prinzipien und aus denselben Materialien aufgebaut – das berühmte hermetische „Wie oben, so unten“ - und nur dadurch kann der Mensch überhaupt Einfluss nehmen auf das Leben und auf seine Welt.

In der Zwischenzeit war auch Leas Großneffe außerordentlich gewachsen und gediehen und, nach Auskunft der Kinderärztin, mit seinem Vierteljahr schon so groß und kräftig wie sonst ein Baby von acht Monaten. Nie hatte Lea einen prächtigeren Säugling gesehen als ihren Theo, sie hatte ihn vom ersten Augenblick an geliebt. Und wie er schon glucksen und lachen konnte, Lebensfreude pur! Wenn er aber schlief, strahlte er eine unvergleichliche Seligkeit aus, während auf seinem Gesichtchen noch der Schimmer des Jenseitigen lag. Lea hielt es für ein gutes Omen, dass das, was erst vor Kurzem das Licht der Welt erblickt hatte - im Außen das Kind, in ihrem Innern jenes noch Unbekannte - so wunderbar gedieh. Überhaupt beobachtete sie sich in der Folgezeit genau, stellte sozusagen Forschungen an sich selber an, um das Neue konkreter zu erfassen. Dieses blieb weiterhin undefiniert und rätselhaft, sie spürte es noch immer am ehesten als eine Kraft in ihrem Herzen, zunehmend aber auch als eine Anwesenheit oder ständige Präsenz von etwas höchst Intensivem. Aber es war längst nicht so einfach, vollständig dorthin vorzudringen, so sehr sie sich auch danach sehnte.

Wenn Lea ihre inneren Vorgänge ganz genau verfolgte, konnte sie inzwischen nämlich so etwas wie ein inneres Ringen erkennen, einen Kampf zwischen zwei Parteien: auf der einen Seite das unbekannte Neue, das vehement zur Manifestation hin drängte, auf der anderen Seite das altbekannte Ich in ihr, das aus typischen Gedanken- und Gefühlsmustern bestand, die, als jahrzehntelange Gewohnheit in ihr eingenistet, ihre Persönlichkeit noch mitbestimmten. Noch nie jedoch hatte sie deren Oberflächlichkeit, dieses gebetsmühlenartige Gemurmel so klar und deutlich wahrgenommen wie jetzt, da sie ihre Aufmerksamkeit auf sie lenkte, und deren Penetranz, wieder und wieder die Repeat-Taste zu drücken, um die ewig selben Gedanken, die ewig gleichen Gefühle abzuspulen. Insbesondere ihre Gedanken kamen Lea auf einmal so hohl vor und so leer und wurden ihr lästig mit ihrem ständigen Auf-der-Lauer-Liegen, um sofort auf das erste Stichwort hin anzuspringen und dann irgendeinen Sermon von sich zu geben. Ihr Verstand konnte sich auch über an sich unbedeutende Sachverhalte sehr echauffieren und daraufhin ein und dasselbe Zwiegespräch fünfunddreißig Mal hintereinander repetieren, den genauen Wortlaut zu seiner Befriedigung jedes Mal noch ein bisschen besser ausgefeilt. Überhaupt war ihr Mental, wie Lea fand, von beachtlicher Geschwätzigkeit. Nun, da sie wieder zu schreiben begonnen hatte, bot es sich sogleich als Co-Autor an. Griff jedes noch so belanglose Ereignis auf, sofort eine Geschichte darum rankend, überhäufte Lea mit schnell dahin skizzierten Bruchstücken von Gedichten, mit Sinnsprüchen und sonstigen Altklugkeiten mehr, nach dem Motto: „Hey Lea, hör mal, das hier wäre doch was für unser Buch!“ „*Unser...*!!!“ Hauptsache, es ratterte und ratterte. Wenigstens war ihr Verstand, dieser so übereifrige Trittbrettfahrer in ihr, gutmütiger Natur und daher nicht gekränkt, wenn sie seine überbordenden Vorschläge weitgehend dankend ignorierte.

Kaum war diese innere Denk- und Gefühlsmaschinerie aktiv, verdeckte sie das so kostbare Neue und schob es in den Hintergrund, sodass Lea begriff, dass sie sich zwischen beidem, dem Alten und dem Neuen, wohl würde entscheiden müssen. Sie stellte zudem fest, dass ihr Bewusstsein, sobald ihr Mental auch nur kurzfristig zur Ruhe kam, sich auf einen Schlag weitete und – wie in den Tagen nach Bamberg – wieder alles, was Lea umgab, als sein eigenes Innen umfasste und erkannte. Dann tauchte sie, wenn auch nur für ein paar Sekunden, wieder in die Stille ein, in jene Klarheit und Einheit mit ihrem seligen Entzücken. Das Bewusstsein eine stehende Welle, innerhalb der die Welt sich dreht. Kraniche fliegen durch einen unbewegten Geist. Setzte aber auch nur der geringste Gedanken ein, schrumpfte das Bewusstsein sofort zusammen auf jenen winzigen Ausschnitt der Wirklichkeit, den der Mensch so stolz sein „Ich" zu nennen pflegt. Dann war die Welt, die sie soeben doch selbst noch war, plötzlich wieder irgendwo „da draußen" und Lea in ihrem Körper und der alten Persönlichkeit eingesperrt. War diese Maschinerie erst einmal in Gang gesetzt, war es schwierig sie zu stoppen, weshalb Lea nun den Entschluss fasste, dieses nervige Denken gleich ganz im Keim zu ersticken, ihr Mental ergo zum Schweigen zu bringen. Nicht zuletzt auch deswegen, weil sie von den Schriften Sri Aurobindos her noch erinnerte, dass ein beruhigter, unbewegter Verstand eine unabdingbare Voraussetzung sei, um auf dem Pfad der Bewusstseinsentwicklung überhaupt weiter voranzuschreiten. Und dass der Verstand des Menschen, sobald er einmal gut entwickelt ist, gar nicht dafür gedacht sei, unablässig selber zu denken, sondern dafür, sich zu öffnen für ein höheres Wissen, welches unvergleichlich zuverlässiger, präziser sei als seines, ja letztlich sogar unfehlbar. Sollte ihr Verstand somit zu dem werden, für das er evolutionär eigentlich vorgesehen war, ein Instrument, um ein viel umfassenderes Wissen und einen höheren Willen zu empfangen – Intuitionen -, musste seine selbstgefällige Eigendynamik enden.

31

Gesagt, getan... - von wegen! Wenn es doch nur so einfach wäre, einen Entschluss umgehend in die Tat umzusetzen. Seit Leas Beschluss, das Denken einzustellen, waren in etwa drei Wochen vergangen, und sie hing wie in einer Warteschleife fest. Ihre ersten Bemühungen ließen sich noch recht hoffnungsvoll an; es war ihr mit großer Disziplin gelungen, sich wieder und wieder zum Schweigen anzuhalten, wenn es sein musste, hunderte Male am Tag. Ihr Wille war wie eine hell lodernde Kraft, in der jeder Gedanke, der in ihr aufzukeimen wagte, mit seiner schwächeren Ladung bald verlosch. Es gelang Lea, ihren Willen so stark auf ihren Entschluss hin zu konzentrieren, dass nichts ihn bezwingen konnte, ähnlich einer Lupe, mit der man Sonnenlicht bündelt, um ein Loch in ein Stück Papier zu brennen. Nach einiger Zeit konnte sie sogar einzelne Gedanken wie lästiges Ungeziefer herankriechen sehen, sie lauernd umwabernd, bis sie, in Anbetracht des dagegenhaltenden Willens, immer dünner und fadenscheiniger wurden, ein Weilchen noch im stummen Raum herumhingen, zu blass, um noch erfasst zu werden, sodass der jeweilige Gedanke schließlich kapitulierte und seine Spur sich wie ein Rinnsal im Sand verlor. Mit jedem einzelnen so eroberten Moment des Schweigens drang Lea ein wenig mehr zu jenem „Dahinter“ vor, dorthin, wo immer Stille herrscht.

Bald darauf aber griff ihre Disziplin nicht mehr, und es kam Lea vor, als habe sie durch ihren Willen und die ersten Bemühungen den inneren Streit nur noch verstärkt, denn etwas in ihr begann zu boykottieren. Fast so, als hätte ihr Verstand, nun da er seiner Eigendynamik beraubt werden sollte, ihr entrüstet den Krieg erklärt: „Was, du willst ohne mich auskommen, das wollen wir doch mal sehen! Ich bin dir wohl nicht mehr gut genug!“ Und dann stürmte eine Litanei über sie herein, gegen die auch ihr unvermindert starker Wille kaum noch etwas auszurichten vermochte. Zudem brachen Zweifel aus ihr hervor, zu was diese mentale Akrobatik überhaupt von Nutzen sei, sie renne doch bloß einer Utopie hinterher und solle lieber einfach nur das Leben genießen, anstatt es durch solch fruchtlose Bemühungen zu vergeuden. Außerdem - wer war sie denn schon, sich solche Ziele zu stecken?!..., und so weiter, und so fort. Und es war so einfach, sich diesem Schwall der Entrüstung zu ergeben, sich gehen zu lassen, erneut verheddert in der gewohnten Denkmaschinerie.

Zugleich aber stand auch Leas Wille noch mehr in ihr auf, wie ein unaufhaltsamer Krieger, jedes Mal ein kleines bisschen stärker als zuvor, bemühte sich zumindest, kraftvoll dagegen zu halten, vor allem aber auch, weil sie in zunehmendem Maße beobachtete, wie unsinnig und unnütz das pausenlose innere Geplapper im Grunde doch war. Dessen Hauptaufgabe schien darin zu bestehen, alles, was Lea sah und hörte, fühlte, schmeckte und roch, mit einem Etikett zu versehen, jede einzelne Sinneswahrnehmung beim Namen zu benennen, so als sei Lea selbst zu blöde, um zu wissen, um was es gerade ging: „Akazie." „Welch mächtige Buche." „Wie saftig grün das Moos schon ist!" „Mensch, ist das laut!" „Mmh, süß!" „Oh wie schön, ein Regenbogen!" Lea fühlte sich an die kleine Maschine erinnert, mit der sie im Geschäft gerade lernte, neue Ware auszuzeichnen, um sie dann, mit Etikett und Preis versehen, fein säuberlich in die Regale zu räumen oder auf Bügel und Kleiderständer zu hängen. Neben dieser „Etikettier-Funktion" ratterten die Gedanken aber auch ansonsten den ganzen Tag, typischerweise solche wie folgende: „Kann dieser Depp denn nicht blinken, wenn er direkt vor meiner Nase abbiegt?!" „Mensch, ich muss nachher unbedingt noch daran denken, Bananen, Joghurt und Sojamilch einzukaufen. Bananen, Joghurt, Sojamilch. Bananen, Joghurt, Sojamilch." „Ach, die hat ja eine tolle Frisur, das wäre auch was für mich!" „Ich will schweigen! Ich will schweigen! Ich will...!" - „Kannst du denn nicht *einmal* die Klappe halten?!" Ihr Mental zählte sogar morgens die Anzahl der Löffel Kaffeepulver mit, die sie in ihren Kaffeefilter füllte, eins, zwei, drei, vier, dabei war die Anzahl doch jeden Morgen dieselbe! Von dem berühmten Ausspruch Descartes´ „Ich denke, also bin ich.“ hatte Lea noch nie etwas gehalten, weil er ihr viel zu kopflastig war, daher war das, was sie derzeit in ihren Bemühungen bremste, sicherlich nicht die Angst, sie könne, zusammen mit einem zum Schweigen gebrachten Verstand, plötzlich selber aufhören zu existieren.

Ließ Lea ihre Gedanken unkontrolliert rattern, fühlte sie sich jedes Mal, als trampele eine Herde durch ihren Geist, in der sie sich verfing und ein ums andere Mal das Bewusstsein verlor. Dabei driftete ihr Bewusstsein interessanterweise stets zur Seite hin ab, so als würde es ihr horizontal aus dem Kopf abgezogen, also nach rechts oder links oder gleichzeitig zu beiden Seiten hin, nie aber nach oben oder unten. Sie konnte diesen Prozess genauestens verfolgen, wobei er sie an Szenen eines Spielfilms erinnerte, in denen ein Schauspieler in Ohnmacht fällt. Denn mit einer ähnlichen Bewegung, fast wie in Zeitlupe, wehr- und machtlos den Gedanken ergeben, sank dann auch sie dahin, darnieder in die nächste Bewusstlosigkeit, nur ohne die Augen zu verdrehen. Jetzt verstand sie, weshalb man sagt, jemand sei „gedanken*verloren*“, denn genau dies geschah: Das Bewusstsein verstrickt sich in dem Geplapper und ist plötzlich nicht mehr da, sondern von den Gedanken vollständig aufgesogen - Minuten, Stunden verschenkter Lebenszeit. Entweder man versinkt dabei in Erinnerungen an die Vergangenheit oder nimmt mit irgendwelchen Fantasien, schönen wie schlimmen, eine erhoffte oder befürchtete Zukunft vorweg, ohne der Zukunft damit überhaupt die Chance zu geben, sich anders zu entpuppen, als die alteingesessenen Gedanken es für möglich halten. Wirklich Neues kann aber nur jenseits des Bekannten entstehen. Durch ihre Beschäftigung mit Evolutionsphilosophie hatte Lea zudem schon früh verstanden, dass der Mensch und sein Leben im Grunde von der Zukunft aus gestaltet und bestimmt werden, sofern man diese denn lässt, und nicht von der Vergangenheit. Das Neue existiert „vorne“ und nicht „hinten“. Denn in der Zukunft wartet alles, was der Mensch werden kann und werden soll, in noch unmanifestierter Form, als Plan oder dem Menschen übergeordnete Idee. Die Zukunft zieht den Menschen zu seiner Erfüllung und Vollendung hin, er muss jedoch den Mut haben, sich ihr zu öffnen, sich ihr hinzugeben, ansonsten ist sein Leben nichts anderes als eine bis zum Tod hin künstlich verlängerte, längst gestorbene, nur unablässig wiederholte Vergangenheit.

Gleicht der seinen alten Regungen ausgelieferte Mensch, überlegte Lea angesichts dieser eigenen so mühseligen Erfahrungen, der sich doch so stolz „Homo sapiens“, mitunter sogar „Homo sapiens sapiens“ nennt – aber die Verdoppelung macht seine Unwissenheit auch nicht besser -, so betrachtet nicht viel eher einem Tier, wenn auch einem halbwegs vernunftbegabten? Er wird, so wie sie es gerade auch bei sich beobachtete, von Gedanken wie Gefühlen doch genauso hin und her geworfen wie das Tier von seinen Instinkten, wird erfasst und durchgeschüttelt, und kann erst dann zu einer kurzfristigen und immer nur vorübergehenden Ruhe finden, wenn diese Regungen sich in ihm ausgetobt haben und erschöpfen – bis die nächste Welle kommt! Der Mensch als Empfangsstation für das Unbewusste statt für das Bewusste, für das Alte statt für das Neue. Lea erschrak angesichts dieser Fremdbestimmtheit und der Erkenntnis, dass der Mensch, und damit leider auch sie, in seinem gewöhnlichen oder „Normalzustand" kaum mehr ist als eine Marionette, an deren Fäden ganz andere Kräfte ziehen, als sich zunächst erahnen lässt, und ganz gewiss andere als sein so hochgelobtes Ich. Sollte es daher nicht sein Ziel sein – und auch ihres! - , seinen vitalen Regungen und mentalen Einflüsterungen nicht länger zu erliegen, sondern, losgelöst von ihnen, frei über sie als Werkzeuge zu verfügen? Und, so überlegte Lea noch, kann, andererseits, jegliche Form der Selbstbeherrschung oder Selbstbemeisterung nicht erst dann beginnen, wenn man Kontakt zu seiner Seele als dem bewussten Zentrum der Persönlichkeit gefunden hat? Denn wer sollte denn sonst der „Herr im Hause" sein, und wer sonst sollte das Bedürfnis haben zu schweigen?

32

Im Verlaufe der weiteren Tage und Wochen, der Frühling ging schon allmählich in den Sommer über, zeigte sich, dass Lea selbst der sie immer wieder überrollenden Macht der Gedanken noch längst nicht in dem Ausmaß Einhalt zu gebieten vermochte, wie sie erhoffte. Manchmal ging es sogar eher zwei Schritte vor und drei gefühlte zurück. Eine Schwierigkeit bei Leas Bemühen war, dass sie anfangs merkwürdigerweise nicht gleichzeitig *nicht* denken und atmen konnte. Das lag wohl daran, dass sie mit ihrem Willen so ungeschickt und fest gegen das Denken anpresste, dass es ihr die Luft zum Atmen nahm. Es erinnerte sie vom Empfinden her an früher, wenn sie als Kind im Schwimmbad war und unter Wasser tauchen wollte. Dann hatte sie noch einmal tief Luft geholt, mit Zeigefinger und Daumen fest die Nasenlöcher verschlossen, sich für Sekunden unter Wasser sinken lassen, bis die eingesperrte Luft vehement nach draußen drängte und Lea wieder an die Wasseroberfläche stieg. So erging es ihr jetzt auch bei ihrer neuen Disziplin, dem Nicht-Denken: So lange sie gegen die Gedanken anpresste und diese wegdrückte von sich, gelang es ihr, kurzfristig im Meer des Schweigens zu versinken, aber wehe, sie tauchte auf, dann wurde sie prompt von der lauernden Sturzflut der Gedanken überfallen, hinweggespült, und alle Stille war zunichte. Langsam, ganz langsam nur, bekam sie den Bogen raus, trotz ihres geballten Willens weiter zu atmen, und dann wurde das, was bis dato eine mühsame Prozedur war, die eher an Selbststerstickungsversuche erinnerte, plötzlich ganz leicht und sanft, und es war nun *gerade* die Konzentration auf den Atem, die Lea ins Schweigen geleitete, in eine vertiefte Stille. Der Ein- und Ausatem war hierbei nicht länger ein definierter, vom Volumen her bemessener Strom, sondern ein weites Feld eines unvergleichlich größeren Atems - ohne Grenzen, ohne Ende. Und Lea brauchte nur, so wie ein Surfer eine Welle erwischt, um auf ihr zu reiten, sich von den Wogen dieses Feldes erfassen, durchströmen und wiegen zu lassen – ja, sie musste sich auch hierbei einfach nur dem Fluss des Atems überlassen: loslassen.

Es wunderte sie dennoch, dass es so mühsam war, ihr Mental zur Ruhe zu bringen. Denn Philipp, ihr Ex-Mann, hatte ihr damals prophezeit, dass sie, wenn es auf ihrem Weg der Entwicklung so weit wäre, sich an dieses Thema zu begeben, keine großen Probleme damit haben dürfte, in Anbetracht der doch recht bescheidenen Ausstattung ihrer Intelligenz. „Dein bisschen Mental", zog er sie immer auf, es wurde für ihn zu einem geflügelten Wort, das er bei jeder Gelegenheit und am liebsten in Gegenwart anderer verwendete, wohingegen er, der doch so viel Klügere, es wesentlich schwerer haben würde, sein Mental hinter sich zu lassen. Aber hatte nicht Jesus in den Seligpreisungen seinen Jüngern versprochen: „Selig sind die geistig Armen, denn ihrer ist das Himmelreich."? Und genauso war es ja jetzt gekommen, oder zumindest schon fast – was störte es Lea da noch, dass sie Philipps Meinung nach eben nicht so intelligent war wie andere, oder sollte sie eher sagen: nicht so clever...?

Trotz der vielen Rückschläge hinterließen ihre unaufhörlichen Bemühungen erste Spuren, wenn auch andere, als erwartet. Es war, als erwachten durch die konsequente Wendung ihres Bewusstseins nach innen, den geheimen und noch unerforschten Gefilden zu, neue Sinne, welche neue und tiefere Wahrnehmungen mit sich brachten. So wurde Lea wesentlich sensibler dafür zu erkennen, für welche Regungen sie selbst und andere Menschen sich typischerweise öffneten. Es kam ihr vor, als würde jeder Mensch aus einem an sich unendlichen und unerschöpflichen Fundus von Verhaltensmöglichkeiten gerade mal eine gute Hand voll auswählen, um diese dann ein Leben lang beizubehalten und als sein „Ich“ zu hätscheln und zu pflegen. Und sie konnte immer deutlicher erspüren, dass hinter allen vermeintlich persönlichen Regungen in Wirklichkeit viel größere, universelle Kräfte stecken, die sich mittels dieser Regungen Zutritt zum Leben auf der Erde verschaffen. So als sei jede unbeherrschte Regung ein Einfallstor für gewisse Kräfte, um hier auf der irdischen Bühne mitzumischen und sich für kürzere oder längere Zeit auszutoben. Lea hatte über diese Hintergründe menschlichen Verhaltens früher vieles gelesen, damals nur graue Theorie, jetzt erst kam die vielfarbige Praxis, ihre ganz persönliche Erfahrung hinzu. Manches von dem, was sie einst gelesen hatte, konnte sie nun anhand ihrer eigenen Schritte nachvollziehen, vieles verlief aber auch völlig anders und Lea vertraute dem. In dem Ausmaß jedoch, in dem ihr eigenes Bewusstsein sich aus uralten Verstrickungen befreite, tauchte ein größerer Bewegungsradius auf und eine neue, jedes Mal hellere Sicht auf Dinge, Menschen und Zusammenhänge – ein klarer, unverstellter Blick.

Lea fand es äußerst spannend zu beobachten, wie die Menschen in ihrem Umfeld – und leider auch sie selbst - immer wieder in dieselben Stimmungen verfielen, so als sei für diese im Gehirn eine besonders breite Reaktionsspur angelegt. Eine Nachbarin von ihr, die in der Buchhaltung eines Autohauses arbeitete, nutzte zum Beispiel jede Begegnung im Treppenhaus, um über ihr Ausmaß an Arbeit, das nicht enden wolle, zu klagen. Da gehe sie schon morgens als Allererste zur Arbeit und verlasse abends als Letzte das Büro, und doch wolle die Arbeit einfach nicht weniger werden. Bei diesen Klagen baute die Nachbarin sich, in vorweggenommener Genugtuung, immer in derselben Körperhaltung vor Lea auf, mindestens einen Schritt zu nah für Leas Empfinden von Nähe und Distanz, ruckelte mit ihrem Hals zweimal leicht vor und zurück, wie eine gackernde Henne in froher Erwartung eines Eies, und fing dann an zu lamentieren. Hier merkte man sogleich: die Überforderung dieser Frau hatte Prinzip, und das Klagen verschaffte ihr ganz offensichtlich eine viel größere Befriedigung, als auch nur einmal pünktlich nachhause zu gehen. Bei jeder Begegnung dieselbe Vorwurfslitanei, wie ein Roboter, der nur über ein einziges Programm verfügt. Lea hatte dabei den Eindruck, als habe besagte Nachbarin sich eigenhändig in dem Selbstbild der ewig Überforderten eingesperrt, in das nun keine andere Wahrnehmung oder Sicht der Dinge mehr Zutritt erhielt.

Ein anderes frappierendes Beispiel war eine Stammkundin, die so strapaziös war, dass manche Kollegen eiligst das Weite suchten, sobald diese das Geschäft betrat. Es handelte sich um eine etwas ausgemergelte Frau mittleren Alters, die, wie Lea aus den knappen Gesprächen mit ihr erfuhr, täglich Sport betrieb, wobei sie so gar nicht den Eindruck machte, als ob dieser ihr wirklich Freude bereite; ihre Sportbesessenheit hatte offensichtlich irgendeinen anderen Grund. Wenn diese Kundin nach einer neuen Sportlegging oder einem T-Shirt Ausschau hielt, schleppte sie immer gleich einen ganzen Berg von Kleidung zur Auswahl in die Kabine, dabei waren eigentlich nur vier Artikel gleichzeitig erlaubt. Trotz dieser Masse an Hosen oder Shirts fand sich im ersten Anlauf nie etwas, das der Kundin behagte, und Lea lernte sich zu wundern, woran ein Mensch sich so stören kann. Bei dem einen Shirt meinte die Kundin, dessen Rotton mache ihren Teint zu blass, das nächste war ihr doch zu langweilig grau, und am übernächsten gefiel ihr der Schriftzug der Firma auf der Vorderseite des T-Shirts nicht. Lea fragte sich in diesen Momenten jedes Mal, weshalb die Kundin diese Kleidungsstücke eigentlich überhaupt mit in die Kabine genommen hatte. Daraufhin wurde die nächste, nun schon konkretere Auswahl herangeschafft: das T-Shirt der einen Firma in einer anderen Farbe, das einer anderen Firma in einem dünneren Stoff oder doch lieber mit kurzen oder, nein, bitte doch mit langen Ärmeln, oder es wurde gemeinsam in Katalogen geblättert, um zu schauen, was über das vorhandene Sortiment hinaus sonst noch lieferbar war. Manchmal hatte Lea Glück und die Kundin kaufte oder bestellte nach dem ganzen Aufwand dann endlich etwas, oft genug aber auch das Pech, dass diese einen Tag später wieder zum Umtauschen kam und die schon fast ritualisierte Prozedur nochmals von vorne begann. Es war der Frau anzumerken, dass sie sich vom Schicksal benachteiligt und auf die Verliererseite des Lebens abgedrängt fühlte, unglücklich und unbefriedigt. In Wirklichkeit aber, so etwas konnte Lea inzwischen deutlich erkennen, verhielt es sich gerade andersherum: Diese Frau strahlte aus ihrem Innern ein solches Unglück aus, dass den Umständen gar nichts anderes übrig blieb, als sich diesem unbewussten Diktat zu fügen und dieselben Erfahrungen wieder und wieder zu reproduzieren. Dahinter jedoch war eine solche Verzweiflung spürbar, dass Lea diese Frau am liebsten einfach mal nur in den Arm genommen, ihr besänftigend übers Haar gestrichen und gesagt hätte: „Es ist doch alles gut!“ Und Lea erkannte einmal mehr, dass – wie ja auch bei ihr geschehen – das Bewusstsein eines Menschen mit all den notwendigen Lektionen sein Schicksal bestimmt, und nicht umgekehrt.

Im Stillen beobachtete Lea sie alle: ihre Kollegen und Kolleginnen, ihren schon betagten Chef, die Kunden und natürlich sich selbst. Sie erkannte, dass aus unablässig wiederholten Gefühlen und Gedanken Gewohnheiten entstehen, und aus diesem Konglomerat von Gewohnheiten schließlich jene Persönlichkeit, die jeder als sein „Ich“ bezeichnet, die aber, im Grunde, doch nichts anderes war als ein Charakterpanzer, in Zeit erstarrte Strukturen der Persönlichkeit. Mit dem eigentlichen *Wesen* eines Menschen aber, fand Lea, hatte dieser noch nicht viel zu tun. Jeder Mensch vergrub sich auf diese Weise im Laufe des Lebens immer tiefer in seiner selbst gesponnenen Welt, von der er glaubte, sie sei „die Realität“. Wie in einen Kokon, aus dem es keinen Ausweg mehr gab, wenn demjenigen nicht irgendwann die Gnade widerfuhr, diesen Mechanismus zu durchschauen und zu durchbrechen. Und dieser Vorgang, so mutmaßte Lea, entspricht wohl ziemlich exakt dem, was die Inder „Maya“ nennen: jene Kraft, die dem Menschen genau *die* Welt erschafft, an die er aufgrund seines Bewusstseins glaubt. Und so betrachtet tatsächlich „Illusion“, weil sein getrübtes Bewusstsein wie ein Schleier den Blick auf die wahre Wirklichkeit verstellt. Lea aber drängte es mit jeder Einsicht mehr, sich aus ihrem eigenen Kokon zu befreien, denn sie fühlte sich nicht mehr als Raupe, sondern längst schon als geflügeltes Wesen – wie ein Schmetterling, der sich danach sehnt, frei in den Lüften zu schweben.

33

Neben dem Schreiben und dem Reiten auf ihrem Pegasus, der Lea in all den Tagen und Wochen nicht nur zur Arbeit trug, sondern auch weit über die Stadt hinaus in die offenen Weinberge und dichten Wälder, verbrachte Lea ihre freie Zeit am liebsten im Wald bei ausgedehnten Wanderungen, gerade jetzt, wo der Frühsommer sich von seiner schönsten Seite zeigte: mild und warm, heitere Stunden mit Sonnenuhr, die frischen Farben des Frühlings schon ein wenig staubig und stumpf. Dienstags bis samstags musste Lea arbeiten, Sonntag und Montag hatte sie frei. Im Sportgeschäft hatte die Lage sich inzwischen ein wenig entspannt. Es war Lea gelungen, die neuen Arbeitsvorgänge so schnell zu verinnerlichen, dass sie jetzt schon über eine gewisse Routine verfügte und nicht mehr bei jedem Arbeitsschritt bangen musste, Fehler zu machen und angemeckert zu werden. Auch die Kolleginnen waren offensichtlich dabei, sich allmählich an sie zu gewöhnen, zeigten sich freundlicher, umgänglicher, und manchmal, wenn gerade wenig Kundschaft im Laden war, wurde sogar ein wenig über persönliche Belange geplaudert oder der eine oder andere Spaß miteinander gemacht. Und mit den Kunden war Lea von Anfang an sowieso weitgehend gut zurechtgekommen.

Schwierig für sie, um nicht zu sagen: fast unerträglich, allerdings blieb der ungewohnt hohe Geräuschpegel, den sie von morgens bis abends zu ertragen hatte. Da waren die unablässigen Gespräche zwischen Kunden und Verkäufern, die man aus dem gesamten Laden mitverfolgen konnte, mitverfolgen musste, ob man wollte oder nicht. Hinzu kam das ständige Klingeln des Telefons, die unzähligen Telefonate im Laufe eines Tages, das unablässige Reden, Erklären, Besänftigen. Am schlimmsten aber war die permanente musikalische Beschallung, sofern man das, was da laut und hämmernd aus dem Radioapparat dröhnte, überhaupt als Musik bezeichnen konnte. Schon gegen Mittag war Leas Kopfumfang um das Dreifache angeschwollen und ihre Nerven lagen blank, sie fühlte sich durch den Lärm einer regelrechten Folter ausgesetzt.

Umso kostbarer waren ihr daher ihre beiden freien Tage. Meist ging sie am Sonntag mit ihrer Schwester und zwei gemeinsamen Freundinnen wandern, was sie sehr liebte. Sie lernte dabei jedes Mal ein weiteres Stück ihrer neuen Heimat kennen und ausgesucht schöne Wanderwege, die sich „Premium-Wanderwege" nannten, weil sie so gut ausgeschildert waren, dass auch Frauen sich auf ihnen nicht verirrten. Allerdings setzte sich auch bei diesen gemeinsamen Ausflügen ein gewisser Geräuschpegel fort, denn es wurde die meiste Zeit über palavert und gescherzt und zum Schluss in einer überfüllten Wanderhütte eingekehrt, in der es für Leas Geschmack etwas zu sehr nach Sauerkraut mit Bratwurst und nach erhitzten Wandererleibern roch. Je häufiger und anhaltender ihr das innere Schweigen gelang, umso stärker wurde das Bedürfnis, ab und zu auch allein ihrer Wege zu gehen, und sie klinkte sich unter Hinweis auf ihre Sehnsucht nach Stille hin und wieder aus der kleinen Gemeinschaft aus. Nur dass es bei ihr obendrein einen neuen Liebhaber gab – noch dazu, welchen...! - und sie jeden Moment des Alleinseins zu einem verschwiegenen Stelldichein nutzte, wollte Lea den anderen noch nicht gestehen. Wie hätte sie ihnen auch beibringen sollen, dass jede Sekunde des Schweigens zugleich eine Begegnung mit „Ihm“, dem Göttlichen, war und das stramme Marschieren im Außen die schönste Bestätigung, auch innerlich wieder auf ihrem Weg zu sein. Und dass sie sich vorgenommen hatte, ihren Weg dieses Mal ganz bis zum Ende zu gehen…

Jeder Tag allein war daher wie ein Ferientag, wie ein Festtag für sie. Schon morgens ab dem Aufstehen übte Lea sich im Schweigen, was über den Tag hinweg durch die fehlende Zerstreuung zusehends besser gelang. Sie hatte sich angewöhnt, sich so zu disziplinieren, wie man auch einen Hund erzieht. Mit knappen unmissverständlichen Befehlen, die statt „Sitz!“, „Platz!“ und „Fass!“ bei ihr eben „Jetzt. Hier!“, „Psst!“ oder „Schweigen!“ hießen, nur das so bewährte „Aus!“ hatte sie auch für sich übernommen und musste jedes Mal darüber grinsen. Hauptsache, es funktionierte! Bei ihren Wanderungen allein konnte sie zudem am ehesten verfolgen, wie sehr ihre Wahrnehmung sich schärfte, sie beobachtete diese Prozesse bei sich weitgehend mit neutraler Distanz, so als sei sie ein fremdes Versuchsobjekt.

Leas Sinne waren feiner geworden, sensibler und warteten mit ungewohnten Empfindungen auf. Noch nie zuvor war ihr bewusst geworden, wie unendlich süß Kiefern duften; wenn sie schnupperte, bebte ihr ganzer Körper lustvoll mit. Oder wie der Waldboden, mit seinen unzähligen Schichten aus welken Lärchennadeln und Blättern, ganz leicht federte bei jedem Schritt, und in welch unvergleichlichem Gelb Butterblumen leuchten, so tief gelb glänzend, als seien sie die materialisierte Ur-Idee von Gelb. Auch stellte Lea fest, dass auf einem bestimmten Abschnitt eines Waldweges, den sie wegen des lichten Mischwaldes besonders mochte, immer zuerst ein Vögelchen anfing zu singen, ein zweites einfiel in den Gesang, ein drittes, ein viertes, bis ihr Zwitschern sich zu einem Höhepunkt steigerte, der abrupt in einen Moment der Stille überging, bis einer der Vögel von Neuem anhob zu singen. Je mehr die Stille in Leas Geist einzog, umso ungefilterter, unverstellter wurden ihre Sinne, vielmehr die äußeren Sinne durch die neu hinzugekommenen, inneren erhellt. Und je mehr es Lea gelang, ihr Bewusstsein aus den Gedanken herauszuschälen, umso unmittelbarer und konturierter nahm sie es wahr, so als ob auch dieses zusehends Gestalt annähme. Dies zunehmend befreite Bewusstsein erlebte Lea zu ihrer großen Verwunderung als ein Wiedersehen, ein Wiedererkennen und Wiederfinden von etwas oder vielmehr jemandem, den man zutiefst liebt. Ihr Bewusstsein entpuppte sich als ein Wesen, und Lea war damit einen entscheidenden Schritt auf ihrem Weg vorangekommen.

Auch das Empfinden von Zeit veränderte sich während Leas stillen Wanderungen. Zeit war für sie dann nicht länger ein quantitatives Geschehen, ein Verlauf oder Verrinnen von Sekunden, Minuten, Stunden, sondern ein qualitatives, ein Durchleben von purer Erfahrung, je nach Erfahrung mehr oder weniger intensiv. Die viereinhalb Tage auf der Arbeit huschten derzeit noch vorüber wie ein kurzer, von grauen Nebelschwaden verhangener Traum, der im Laufe des Samstag Nachmittages schnell verblasste, wenn sie zu ihrem inneren Leben überging. Nicht dass Lea sich an ihren Arbeitstagen nicht auch zum Schweigen angehalten hätte, ihre Konzentration und Liebe auf den Ewigen gerichtet, und sich bei jedem Entgleiten ihres Bewusstseins zu noch mehr Achtsamkeit ermahnte, aber durch die sie umgebende hektische Vibration und den Lärm fiel es ihr unvergleichlich schwerer. An ihren freien Tagen hingegen schien die Zeit sich immer mehr zu weiten, existierte im gewohnten Sinne nicht mehr, sondern nur noch in Form einer nicht enden wollenden Ausdehnung, einem grenzenlosen Jetzt, von der Gegenwart des Unendlichen durchdrungen. Gegen Ende ihrer einsamen zweisamen Wanderungen stellte sich bei Lea daher jedes Mal das Empfinden einer unbegrenzten Freiheit ein, und je freier sie sich fühlte, desto freier gestaltete sich ihr Leben, überwiegend heimlich derzeit noch, so als würde hinter einem Vorhang eine ganz große Überraschung für sie vorbereitet.

Lea hätte nicht sagen können, woher sie dies wusste, aber es war ihr vollkommen klar, dass sich mit der weiteren Konzentration ihres zunehmend frei gelegten Bewusstseins auch das innere Schweigen und sein Frieden noch steigern würden. Und dass sie erst und nur aus diesem Schweigen und seinem Frieden heraus wirklich Zugang zu dem noch ungeformten, aber sich – innen wie außen - schon ankündigenden Neuen finden würde, dem Neuen in ihr wie der Neuen Welt im Außen. So wurde aus einer anfänglich noch zaghaften Hoffnung Ahnung und aus Ahnung Gewissheit, dass, im Zuge der weiteren inneren Befreiung, tatsächlich eine neue Wirklichkeit auf sie wartete, weite Räume, bisher ungesehen, ungeahnte Sphären mit ihren geheimnisvollen Schätzen.

34

Heiliger Hain

Wenn sie so ging, für sich allein,
dann wandelte sich auch der Wald,
es war, als trete sie durch eine geheime Tür
in die Natur selber ein.

Dort war der Wald nun kein Wald mehr,
sondern ein Hain,
den sie andächtigen Fußes durchschritt.
Die mächtigen Bäume ein grün-in-grüner Dom über ihr,
mit blattvergoldeter Spitze,
durch deren Wind bewegte Zweige
Himmelsbläue blitzte.

Das Zwitschern der Vögel Lobgesang,
der Himmel Widerschein
von kosmischem blauem Feuer.

An jedem Aussichtspunkt blieb sie stehen,
ließ ihre Augen weit über die Landschaft schweifen,
wo Burgen und Felsmassive trutzten,
bis das so unermesslich grüne Meer
sich in violetten Fernen
weit hinten am Horizont verlor.

Am Ende einer jeder dieser stillen Runden
kehrte sie, von Schönheit gesättigt,
mit überquellendem Herzen heim.
Ach, könnte sie von dieser Pracht doch nur künden!

35

Während die Sonne gehörig an Gewicht zunahm, die Temperaturen froschfüßig das Thermometer emporkletterten, um oben träge hocken zu bleiben, dazwischen nicht ein einziger Regentag, forschte Lea akribisch an sich weiter wie eine Wissenschaftlerin, immerhin war sie ja auch Psychologin und das Psychische, das Innere des Menschen, somit ihr Spezialgebiet. Dabei machte sie eines Tages die Entdeckung, dass Situationen, in die sie geriet – dabei mochte es sich um ganz unspektakuläre, alltägliche Belange handeln – nicht nur eine, sondern gleich mehrere Varianten in sich bargen, letztlich sogar alle potenziell möglichen. Die jeweilige Grundsituation erlebte sie als reines Potenzial, wie eine immaterielle Wolke aller nur denkbaren Varianten, in der jede dieser grundsätzlichen Möglichkeiten gleichberechtigt neben allen anderen präexistiert. Dieses Empfinden erinnerte sie an die „Wolke der Wahrscheinlichkeit“ aus der Quantenphysik, welche beschreibt, dass sich ein Elementarteilchen, Photon oder Elektron, zunächst in einer „Wolke“ um den Atomkern herum befindet, ohne einen bestimmten Platz einzunehmen, sodass es für seinen Aufenthalt nur Wahrscheinlichkeiten gibt, aber keinen festen Ort. Erst wenn ein Beobachter sich mit der Absicht nähert, das Elementarteilchen zu finden, nimmt dieses einen definierten Platz ein, woraufhin der Beobachter es nun verorten kann. Genauso erlebte Lea derzeit Situationen: Erst indem in ihr ein Gedanke aufkeimte, ein Gefühl oder Handlungsimpuls, wurde die entsprechende Möglichkeit aktiviert und daraufhin konkrete physische Realität.

Diese Beobachtung erschreckte Lea sehr, denn es wurde ihr damit auf einmal die ganze Verantwortung nicht nur für ihre Gedanken, sondern auch für ihre Gefühle und sämtliche anderen Handlungsimpulse bewusst. Aus jeder unbedachten Reaktion ergab sich eine bestimmte Realität mit ihren jeweiligen Konsequenzen, lästiges Karma, das man dann erst mal wieder auszubaden hatte. Und es wurde ihr nochmals deutlicher, dass alles, was dem Menschen im Außen geschieht, zuvor auf einer inneren Ebene existierte, als Überzeugung, Erwartung, Gedanke oder Gefühl, die dann erst übersetzt wurden in materielle Chiffren, um dem Menschen daraufhin als vermeintliches Schicksal zu widerfahren. Sobald Lea sich außerdem dazu verleiten ließ, sich emotional in eine Situation zu verstricken, war es mit dem inneren Frieden vorbei, und sie fiel aus ihrer Mitte.

Da, wo Lea sich in ihrer Entwicklung gerade befand, schien es nun also darum zu gehen, sich auch bezüglich ihrer sonstigen Handlungsimpulse, Fantasien und Gefühle an die Kandare zu nehmen, weil jede dieser Regungen eine Eigendynamik entwickelte und zu ihrer Verwirklichung hindrängte. Und, schwups!, hatte man seine Vergangenheit, ehe man sich versah, mal wieder in die Zukunft hinein verlängert, sich einmal mehr im Kreis herumgedreht, wie ein Hund, der dabei ist, sich in sein Körbchen zu betten, weil altvertraute Regungen eben auch nur altvertraute Resultate erbringen. Das ebenso verheißungsvolle wie heiß ersehnte Unbekannte, Neue kann jedoch nur außerhalb ausgetretener Pfade entstehen. Es wäre also sinnvoll, folgerte Lea daraus, auch in ihre Gefühle und emotionalen Regungen Ruhe hineinzubringen, Gleichmut und eine neutrale Distanz, um erst dann – im vollen Besitz des Bewusstseins – zu handeln. Sie stöhnte ein wenig, als sie dieses Vorgehen als weitere, vor ihr liegende Aufgabe begriff, dabei hatte sie die erste doch noch gar nicht zu ihrer vollen Zufriedenheit erledigt. Es schien, als sei ihr, in Hinblick auf die eigene Wandlung, nicht vergönnt, Schritt für Schritt, in einem quasi-linearen Prozess, vorwärts zu schreiten. Vielmehr hatte sie gleich mehrere Aufgaben auf einmal zu berücksichtigen und zu vollbringen, vom Gefühl her sogar alles auf einmal und zugleich - beschleunigte Schritte. Verwundert war sie darüber letztlich nicht, denn schließlich hängt ja alles mit allem zusammen.

In den darauffolgenden Tagen wurde Lea klar, dass es derzeit gar keinen Sinn machen würde, Schritt für Schritt vorzugehen, eine einzelne Aufgabe nach der anderen zu erledigen. Denn sie war, so wie es aussah, vielmehr an dem Punkt angekommen, an dem es um nichts Geringeres ging, als sich endgültig von allem zu verabschieden, womit sie sich bisher noch als „Ich" identifizierte, absolut „tabula rasa" zu machen. Nicht nur Gedanken und emotionale Impulse, sondern sämtliche eingefleischten Vorlieben, Begierden und Abneigungen, alle noch auf ein „Ich" bezogene Regungen quasi „ins Leere laufen zu lassen", um sie zu überwinden. Denn überall da, wo ihr Bewusstsein noch eine gewisse Form annahm, handelte es sich noch nicht um ihr Selbst, denn jegliche Form ist eine Ab- oder Eingrenzung aus dem Ganzen.

Diese Vorstellung machte Lea dann doch reichlich zu schaffen, schockierte sie in ihrer Tragweite fast, auch wenn sie deren Notwendigkeit einsah und nachvollziehen konnte. Es war weniger diese große Aufgabe an sich, die sich vor ihr auftürmte, fast wie ein unbezwingbarer Berg, und die sie so überforderte und verwirrte, sondern vielmehr das Gefühl, dass dies alles auf einmal stattfinden sollte. Das kam ihr ebenso unmöglich vor wie der Versuch, abends vor dem Schlafengehen sämtliche Kleidungsstücke gleichzeitig ablegen zu wollen, also nicht fein säuberlich eines nach dem anderen, sondern Slip, Pullover, BH, Socken, Hose kreuz und quer, alles auf einen Rutsch. Ja, ihre aktuelle Situation hatte tatsächlich etwas davon, sich bis zur äußersten Nacktheit auszuziehen, so als sei ihre alte Persönlichkeit nichts anderes mehr als ein abgenutztes Kleidungsstück, ein fadenscheiniger Lumpen, dessen es sich nun zu entledigen galt. Natürlich, schoss es Lea in den Sinn: Das Gelobte Land kann der Mensch nur nackt betreten, ohne auch nur den geringsten Fetzen aus dem alten Leben, der alten Welt mit hinüber zu nehmen, man wird ja schließlich auch als Baby nackt geboren. Das Einzige, was beim Hinübergehen in die Neue Welt bleibt, ist die Seele, als göttlicher Kern und Quintessenz des jeweiligen Menschen, sowie all jene Teile, die durch sie schon geläutert und somit vergeistigt und durchseelt sind.

Eigentlich war Lea durch ihre Krankheit und die damit verbundene tiefe Läuterung schon einmal bis auf den Grund ihrer selbst vorgestoßen und ihr so ziemlich alles, was sie einmal war und besaß, genommen worden. Aber die alteingesessenen Impulse geben ihre Herrschaft eben nicht so schnell auf und versuchen immer wieder, den Menschen erneut in ihren Griff zu bekommen. In Anbetracht ihres bisherigen Bemühens, das zwar fleißig war, jedoch mit eher bescheidenen Resultaten, kam Lea das Bild, als sei ihr Bewusstsein mit tausend und einem Knoten an althergebrachte Prozesse und Automatismen gefesselt. Und sie hatte nun über die letzten Wochen hinweg nichts anderes getan, als einen Knoten nach dem anderen mühsam aufzudröseln, um das darin verfangene Bewusstsein frei zu setzen. Ihr eher klägliches Ergebnis ließ sie an eine vielköpfige Hydra denken: War es dem Helden endlich gelungen, einen der Köpfe mit scharfem Schwert abzuschlagen, wuchsen an dessen Stelle gleich zwei neue nach. Mirra Alfassa, die spirituelle Gefährtin Sri Aurobindos, hatte diesen Prozess einmal mit einem geringelten Hundeschwanz verglichen: Man kann ihn gerade ziehen, sooft man will, kaum lässt man los, rollt er sich prompt wieder zusammen.

36

Seit ihren Erfahrungen in den Tagen nach Bamberg hatte Lea gespürt, dass ihr innerer Weg damit eine ganz andere Qualität bekommen hatte und sie dabei war, vom gewöhnlichen Leben zu einem anderen, einem größeren Leben überzugehen. Es kam ihr vor, als habe seither eine Art Lehrzeit begonnen, bei der sie sich nun, wie bei einem Aufbruch in unbekannte Länder, einen Weg in ihre eigenen inneren, ebenso noch unerforschten Gefilde zu bahnen hatte. Sie erinnerte sich daran, gelesen zu haben, dass jedem dem Menschen möglichen subjektiven Bewusstseinszustand ein objektiv vorhandener „Ort“ entspräche, eine zu diesem Bewusstseinszustand gehörende Welt. Und dass diese Ebenen im Menschen ruhen, seit Ur-Zeiten in ihm angelegt, und er jede Bewusstseinsebene, in die er hineinzuwachsen habe, erst in sich selbst entfalten müsse, weil erst der neue Bewusstseinszustand den Zugang zu der entsprechenden neuen Welt im Außen eröffne. Denn die Welt gestaltet sich von innen nach außen und nicht umgekehrt, so zumindest Leas Erfahrung.

Das Leben draußen nahm derweil mit großen Schritten seinen inzwischen hochsommerlichen Verlauf, ließ die Stadt und die Welt grünen und blühen in Farben, die von innerer Kraft nur so strotzen, über all dem thronte, Tag für Tag, Woche für Woche ohne Unterlass ein bisher ungekannt tiefblauer Himmel. Ja, der Sommer dieses Jahr war wirklich sehr speziell. Alles wuchs und gedieh. Und auch Leas kleiner Großneffe fing schon an, die ersten Silben zu brabbeln und auf allen Vieren herumzukrabbeln, wenn auch noch etwas wackelig. Der Kleine war noch vollkommen neugierig und offen gegenüber allem, was in seinem Umfeld geschah, gegenüber Dingen und Ereignissen ebenso wie gegenüber Menschen. So entdeckten Lea und er gerade gleichzeitig, jeder für sich, eine vollkommen neue Welt. Alles war spannend, alles war neu und ein Grund, mit großen runden Augen, in denen noch kein Vorbehalt das innere Licht versperrt, zu staunen, alles war Anlass zu Freude, zumindest das meiste. Man brauchte nur ein paarmal mit den Händen auf Tisch oder Boden zu patschen und schon fing Theo an, verzückt zu quietschen und hörte nicht mehr auf. Seine Lebensfreude und sein Spaß an solch einfachen Dingen waren so ansteckend, dass auch die Erwachsenen sich kaum mehr einkriegten vor Lachen und Lea die Tränen der Rührung wie der Freude in Strömen die Wangen herunterliefen. Für ihren Großneffen war das ganze Leben noch ein einziges Wunder - wie bedauerlich, dass sich diese verzauberte Sicht im Laufe des Erwachsenwerdens so schnell verliert.

Irgendwann während dieser Zeit kam Lea darauf, dass es zwischen der so verheißungsvollen, noch unbekannten Welt, die sich derzeit noch irgendwo, in einer anderen Dimension verbarg und nach der sie suchte, und dem bisher noch unbenannten Neuen in ihr, das – gemeinsam mit Theo - zu Anfang des Jahres geboren worden war, einen Zusammenhang geben könnte. Könnte es sein, so überlegte sie in einer mehr als hellen Stunde, dass nur dieses Neue in ihr über die notwendigen Fähigkeiten verfügte, jenes Neuland zu betreten, seine Sprache zu finden und zu entschlüsseln, weil nämlich „Es", dieses geheimnisvolle Etwas in ihr, das so durchlässig war wie ein Fenster, wie ein Kristall, so licht und klar und frei, die Urbilder dieser neuen Realität längst schon kannte? Und da, endlich, fiel bei Lea der Groschen, nachdem sie nun seit Wochen und Monaten herumgerätselt hatte, was dieses Neue in ihr denn wohl sei: das Bewusstsein, das sich in ihr akkumulierte und ihr wie ein tief vertrautes Wesen erschien; die sich in ihrem Herzen ansammelnde Kraft; das Gefühl, an einen unvergleichlich größeren Kreislauf angeschlossen zu sein; das mächtige Weltenherz – all das waren Vorboten ihrer Seele gewesen, die jetzt, ganz offensichtlich, strammen Schrittes und ohne Zweifel, immer kraftvoller dabei war, hier, in dieser Welt, in Erscheinung zu treten! Und – logisch! - wer sollte es sonst sein, sie in und durch die neuen Sphären des Lebens zu lotsen, wenn nicht ihre Seele?! Nur die Seele kann und wird das neue Land finden, weil dieses doch deren leuchtende Heimat ist, und Lea brauchte sich jetzt nur noch von ihr dorthin führen zu lassen, wie von einem Sherpa hoch hinauf in den Himalaya. Lea stieß einen wilden Schrei des Jubels aus, gönnte sich ungezähmte Glücksgefühle, denn sie spürte ganz genau: Jetzt fängt das Abenteuer erst richtig an!

Nach Auffassung, und vor allem Erfahrung, Sri Aurobindos – denn er verstand den von ihm aufgezeigten Weg der Bewusstwerdung als nichts anderes als eine „praktische Psychologie“ - ist die Seele des Menschen zunächst nur ein Funke, wenn auch ein Funke des göttlichen Lichts und damit unzerstörbar und unsterblich. Dieser Funke wachse Leben für Leben - Reinkarnation als Tatsache vorausgesetzt - zu einer Flamme heran, aus der sich dann allmählich das so genannte seelische Wesen, der „wahre Mensch“, entwickle. Auch dies hatte Lea, als sie in jungen Jahren erstmals darüber las, sofort eingeleuchtet und überzeugt: dass die Seele des Menschen ein *Wesen* ist, somit eine ganz individuelle Gestalt aufweist, und sich daher, wie alle Wesen, ebenfalls in Entwicklung befindet. Ist eine gewisse Stufe erreicht und das seelische Wesen genügend ausdifferenziert, trete es sodann in den Vordergrund, wodurch es für den jeweiligen Menschen erkennbar und fühlbar werde und damit die eigentliche Bewusstseinstransformation und tiefgründige Wandlung dieses Menschen beginne. Jetzt enthüllte sich Lea auch die Bedeutung der Synchronizität von Anfang des Jahres, als, zugleich mit dem Vorgang der inneren Geburt, ihr kleiner Großneffe geboren worden war, der obendrein Theo - Geschenk Gottes - hieß. Denn war nicht auch die Seele ein Geschenk Gottes an den Menschen, Sein unvorstellbar großes Opfer, damit der Mensch zurückfände zu Ihm? Denn den Weg zu Gott kann nur die Seele finden. Und vielleicht hatten diese beiden Geburten, die im Außen wie die im Innen, Lea auch deshalb an die Geburt Christi erinnert, weil man dessen Lebensweg doch auch als Gleichnis für den Weg einer erwachenden Seele verstehen konnte, und hatte nicht Jesus auch von sich gesagt: „Keiner gelangt zum Vater, denn durch mich.“?

Jetzt, da sich Lea endlich die Zusammenhänge all dessen, was sie seit Bamberg erlebt hatte, erschlossen, fiel es ihr viel leichter zu akzeptieren, dass sie, um die Neue Welt betreten zu können, die alte erst vollständig hinter sich lassen musste. Man gießt ja neuen Wein auch nicht in alte Schläuche, wie es ebenfalls in der Bibel heißt. Das Loslassen an sich machte ihr nicht bang, denn wie oft hatte sie sich bisher schon von Altem gelöst, von überholten Aspekten ihrer selbst, ihres Selbstbildes und Selbstverständnisses, sich zigfach gehäutet wie eine Schlange. Sie hatte das Loslassen reichlich geübt, der grundlegende Prozess durfte daher vermutlich derselbe sein, nur diesmal in einer ganz anderen Größendimension, aber das sollte sie nicht schrecken. Und so machte Lea sich frohen Mutes und ohne Wehmut daran, sich nach und nach all dessen zu entledigen, wovon sie bislang noch geglaubt hatte, das sei sie selbst. Denn diese unzähligen, hartnäckigen Mechanismen, die immer nur mehr desselben zu einem durchdringen lassen, statt das revolutionär Unbekannte, verdecken alles Neue genauso wie damals in Leas Kindheit die diffusen Lichter der Großstadt den so heißgeliebten sternengeschmückten nächtlichen Himmel. Und in Lea drängte alles jetzt mit Macht danach, aus dem Himmel des Großen Schweigens heraus die Erscheinungen des Neuen aufzuspüren, des Allwunderbaren Sterne und Kometen.

37

Von da an, ganz unvermittelt und auf den Tag genau, wurde Leas Weg plötzlich leicht, fast so als wäre mit dem Begreifen dieser Zusammenhänge die Leichtigkeit persönlich über sie hereingebrochen und hätte die letzten Hindernisse hinweggefegt. Ihre Seele nahm jetzt das Heft in die Hand, begann das Drehbuch für Leas neues Leben, das andere, das volle, zu schreiben. Die Seele wendet, da selber göttlich, den Menschen dem Allerhöchsten zu, dem Guten, Wahren und Schönen - die Sonnenblume dreht ihr Gesicht zum Licht - und wandelt ihn so lange in dessen Qualitäten um, bis der Mensch Ihm immer ähnlicher wird, letztlich reines Ebenbild des Göttlichen. Als erstes gab ihre Seele Lea den Rat, mit dem bisherigen Selber-machen nun endlich aufzuhören, jegliche Methodik ihrer Befreiungsversuche zu unterlassen, nichts mehr selber zu wollen, sich einzig nach dem Willen des Allhöchsten zu richten, den Er ihr, Lea, über sie, ihre Seele, schon vermitteln würde, da bräuchte sie nichts zu befürchten. Er würde sie schon jederzeit wissen lassen, was zu tun wäre und was nicht, denn schließlich sei Er doch der Allwissende und Allmächtige.

Und, in der Tat, hatte Lea selbst in der letzten Zeit oft nicht mehr gewusst, was richtig war und was falsch, war angesichts der Aufgaben, denen sie sich ausgesetzt sah, nur noch verwirrt. Eigentlich hatte sie sich vor vielen Monaten doch schon, damals im Winter, gleich nach ihrem „Frieden auf der Burg“, vorgenommen, sich ganz Seinem Willen zu überlassen, war dann aber doch wieder in die Automatismen des Machen-wollens verfallen, so als ob sie es besser wisse als Er. Jetzt aber war der Endpunkt eigenen Wollens und Strebens endgültig erreicht, das sah Lea ein, denn in der Neuen Welt gibt es ja nichts mehr selber zu machen und selber zu wollen, der Zeitpunkt somit gekommen, sich mit Haut und Haaren und allem, was sie war und noch werden sollte, dem Höchsten Bewusstsein anzuvertrauen, sich unwiederbringlich in Seine Hände zu legen. Nichts mehr zu wünschen, nichts mehr zu fürchten, keine Bedingungen zu stellen, um einfach nur noch zu erspüren, was Er vorhat mit ihr, sich bereitwillig einzufügen in Seinen Großen Plan, als kleines Rädchen im großen Schöpfungsgetriebe. Welche Erleichterung, einfach nur noch zu sagen: „Dein Wille geschehe - Amen!“ Und das, was einst die größte Schwäche ihrer Persönlichkeit war - sich kampflos dem Willen eines jeden anderen zu unterwerfen, bis dahin, selber gar keinen eigenen Willen mehr zu kennen – kam Lea jetzt zu Gute, erwies sich nun als ihre Stärke, als ihre größte Kraft. Aus den so leidvollen Erfahrungen ihrer Kindheit und Jugend offenbarte sich jetzt die von Anbeginn an damit heimlich verfolgte Absicht, deren übergeordneter Sinn: die Fähigkeit zu tiefer Hingabe - das positive Gegenstück zur ohnmächtigen Unterwerfung. Es stand für Lea dabei allerdings auch fest, dass Er, der Allmächtige, der Höchste, der Liebste, und wirklich nur Er, der Einzige bleiben würde, dem gegenüber sie jemals noch bereit sein würde, sich zu unterwerfen.

Lea stellte, gleich in den darauffolgenden Tagen, fest, dass ihr mithilfe ihrer Seele all das nun viel besser gelang, worum sie bisher mühsam hatte ringen müssen und dennoch oft genug halbwegs gescheitert war. Mit dem Hervortreten ihrer Seele hatte sich jenes Fenster, das bis dahin zwar schon ganz durchlässig, aber offensichtlich noch geschlossen war, nun geöffnet, gleichermaßen nach innen wie nach außen, dieses Fenster zur Ewigkeit - der Durchgang ist frei, wie bei einem oben bisher noch versiegelten Schacht, bei dem man den Deckel entfernt, woraufhin das Licht sich in ihn ergießt. Es war plötzlich auch so viel leichter, mit dem Göttlichen in Kontakt zu kommen, Ihn zu spüren, Seiner unablässig zu gedenken, ihre ganze Liebe Ihm zu schenken. Eine Brücke war geschlagen, eine Kluft überbrückt, die Liebe konnte fließen wie Wasser über ein steinernes Aquädukt. Von da an veränderten sich Leas Empfindungen und ihr Bewusstsein in einem solchen Ausmaß und einer solchen Geschwindigkeit, dass sie sogleich erkannte: Es war die richtige Entscheidung gewesen, sich Ihm, dem Unnennbaren, ihrem Ewigen Geliebten, nun vollkommen hinzugeben.

Auch Leas tägliches Schreiben veränderte sich, wurde geschmeidiger, wurde leichter und Lea wunderte sich. An den Sonntagen, an denen sie, noch vor ihren Wanderungen, vom frühen Morgen an und oft über Stunden hinweg am Schreibtisch saß, entströmte der Text ihr in einer Fülle wie ein Fluss und las sich wie aus einem Guss. Immer öfter überkam sie daher das ahnende Empfinden, als begegne der Mythos „Pegasus“ ihr inzwischen nicht mehr nur als klangvoller Name jenes schönen Fahrrads, das sie besaß, sondern - neben dem Stahlross – nun zunehmend auch als Musenross, welches ihr aus der sprudelnden Quelle der Dichter auf dem Berge Helikon so manchen inspirierenden Trunk gewährte. Und während Lea sich daran erfreute, mit allem, was und worüber sie schrieb, das Göttliche zu preisen und zu ehren, fühlte sie sich mit einer bisher ungekannten sprachlichen Beschwingtheit beglückt: ein freudiges, gegenseitiges Sich-Beschenken.

Bei Sri Aurobindo hatte Lea einst gelesen, dass die gesamte Schöpfung auf dem Prinzip des „Opfers" beruhe, auf einem gegenseitigen Geben und Nehmen. Denn so, wie zu Beginn von Raum und Zeit, Gott das unermessliche Opfer erbracht habe, als Myriaden Seelenfunken selbst in Seine Schöpfung einzugehen, um alle Seine Geschöpfe sodann von innen heraus zu sich zurück zu lotsen, obliege es später dem Menschen, nun *sein* Opfer zu erbringen, indem er den Fortgang der Evolution freiwillig und bewusst unterstütze. Er brauche dabei nur einzusehen, dass es eine noch höhere Entwicklungsstufe als den (vernunftbegabten) Menschen gibt, die irdische Evolution mit dem Menschen somit noch nicht zu Ende ist. Jenseits des derzeitigen Menschen warte ein neuer Himmel, eine neue Erde, der wahre Mensch.

Diese Vorstellung gefiel Lea sehr, beflügelte nun ihr Tun, und sie bat ihren Liebsten, sie an ganz kurzer Leine zu führen. Keinen Schritt mehr ging sie von da an ohne Ihn, keine Minute, da sie nicht Seiner gedachte. Und siehe da, binnen kürzester Zeit war es gar nicht mehr möglich, *nicht* an Ihn zu denken, Ihn *nicht* bei sich zu spüren, und mit immer noch ungläubigem Erstaunen bemerkte sie, wie Er tatsächlich auf ihre Liebe reagierte und sie jedes Mal von Ihm beglückende Antwort erhielt. Dann nahm ihre Seele Lea auch noch die kurze Leine fort und legte ihre Hand direkt in Seine, Trennung von da an unmöglich. Eine liebliche Energie, mild und weich, breitete sich in Lea aus, hielt sie umfangen, von mächtigem Herzschlag durchpulst, in der sie, wie ein Kind im Schoß einer liebenden, ja, einer göttlichen Mutter, geborgen lag. Solch eine Kraft, solch eine Liebe hatte Lea bisher noch nie erfahren. Es war nicht mehr möglich, sich getrennt von Ihm oder Ihr wahrzunehmen und auf einmal so selbstverständlich, dass der Mensch seine Freiheit und seine Erfüllung allein im Willen Gottes zu finden vermag.

Was immer Lea auch tat, ob sie arbeitete, wanderte, schrieb oder aß, sie gedachte des Unendlichen, brachte Ihm ihre Empfindungen dar, legte Ihm ihre Gefühle der Liebe mit sanfter Verneigung wie Blumen auf den Altar, lud Ihn ein, an ihrem ganzen Leben teilzuhaben, nicht die kleinste Kleinigkeit ausgelassen. Sie wollte Ihm Seine Schöpfung zeigen, damit Er sie durch ihre Augen sähe und sie spüren könne mit all ihren Sinnen: die Erde mit ihren Pflanzen, Tieren und Wesen, die so traumhaft schöne Natur, die Er zwar eigenhändig erschaffen, aber selbst noch nicht erkennen konnte, weil Er doch noch im Tiefschlaf von der Natur umfangen lag. Lea war überglücklich damit, Ihm alles zu zeigen, weil auch sie die Welt darüber mit neuen Augen sah und wie alles rings um sie her

Ihn jetzt immer deutlicher in Erscheinung treten ließ. Manchmal aber verließ sie fluchtartig einen Platz, weil sie das, was sie dort fühlte und sah, noch nicht ertragen konnte: Schönheit, unerträglich. Wenn sie Ihm so über die Maße nahe war, in sich, in der Natur, in der Welt, musste sie an das Lied „Bist du bei mir“ denken, einen ihrer Lieblingschoräle Johann Sebastian Bachs, denn dieses so tief seelisch-selige Empfinden war wie in Gott hinein zu zerfließen, wie heimzukehren für immer. Und es gelang Lea noch leichter, alles, was nicht kompatibel war mit Ihm, dem Göttlichen, und mit der freien Luft der Neuen Welt, mit Freuden ziehen zu lassen – das Alte geht in Frieden.

Und angesichts einer solch bisher ungekannten Wonne, dieser sich steigernden Liebe und ihres alle Grenzen sprengenden Glücks fiel Lea irgendwann auf, wie vergänglich im Vergleich dazu doch die gewohnten Befriedigungen sind - sie huschen vorüber wie Schatten, grau und ohne Substanz. Gewiss, es tauchte immer wieder irgendwo ein Restaurant auf, das man noch nicht kannte, mit neuen verlockenden Speisen und Getränken, es gab neue Kleider, jedes Jahre eine neue Mode mit neuen Farbkombinationen, neuen Mustern, die man sich hätte kaufen können, neue, schnellere, größere Autos, noch unbekannte Reiseziele. Aber all dies war im Grunde doch nichts anderes als eine weitere, niemals endende Neuzusammenstellung des Altbekannten, rein weltliche Verlockungen. Wenn er immer wieder darauf anspringt, findet der

Mensch nie seinen Frieden, denn solcherlei Begierden, die der Mensch irrtümlicherweise für seine Bedürfnisse hält, sind schier unerschöpflich. Eine erfüllte Begierde, so Leas Erfahrung, erschafft zwei neue, die dann wiederum auf Befriedung drängen, dies potenziert sich unendlich, bringt Unrast und Unruhe. Und wie viele Menschen gibt es, die davon überzeugt sind, das Leben sei allein dazu da, ihnen ihre Gelüste zu stillen?

Es ist eine Illusion zu glauben, dies hatte Lea inzwischen herausgefunden, dass es ein durchgängig glückliches Leben geben könne, solange der Mensch noch abhängig ist von unzähligen unbewussten Regungen und diesen mehr oder weniger ausgeliefert. Kummer und Leid schleichen sich als Ausgleich zu glücklichen Momenten früher oder später ein, durch die Hintertür des Glücks und zeitlich verzögert, sodass sich der Zusammenhang nicht immer gleich erschließt. So bleibt derjenige im Spiel der Dualität gefangen, denn auf Lust folgt unweigerlich Frust, auf Freude Enttäuschung, auf vermeintliche Liebe Schmerz. Für Lea war es inzwischen zumeist sogar beglückender, auf eine gewohnte Befriedigung zu verzichten, statt sie sich zu gönnen, denn sie fing an, Geschmack an den unvergänglichen Freuden zu finden und deren bedingungsloser Seins-Seligkeit.

38

Viele Abende verbrachte Lea in der Küche auf einem Stuhl - ein Sofa hatte sie noch nicht - versunken in Schweigen und Wonne. Sie registrierte überhaupt nicht, dass der hölzerne Stuhl hart war und unbequem, saß still dort Stunde um Stunde, bis es Zeit wurde, schlafen zu gehen. Ihre Seele gewann dabei zusehends an Festigkeit, Stärke, Substanz, erfüllte immer mehr Leas Welt und Leas Wesen. Sie fühlte sich behütet, geborgen und geliebt – sie war nicht mehr allein. Nun hatte sie, ausgerechnet inmitten der Einsamkeit, die ihr ein Leben lang als schlimmste Bedrohung erschien und vor der sie davongelaufen war mit allen nur denkbaren Mitteln, ihr Glück gefunden, zu ihrer Seele und zu Gott. Und obendrein hatte sie noch nie einen solch liebevollen und zärtlichen Liebhaber gehabt. Denn Er, der Alleinige, näherte sich ihr in tausenderlei Überraschungsmomenten, schlich sich heimlich an sie heran, wie ein vom Ansturm seiner Gefühle überwältigter Geliebter, hielt sie für Minuten fest umfangen, nur um sich dann wieder für ein Weilchen zurückzuziehen und sich an ihrem erneuten Suchen nach Ihm zu ergötzen. Auch hielt Er Zwiesprache mit ihr, mal sanft und wie eine Mutter; mal ermahnend wie ein Vater; Ihm konnte sie alles erzählen, wie einem Freund; und, als ihr Liebster, fuhr Er ihr, wenn keiner es sah, mit unsichtbaren Händen sanft übers Haar und war noch dazu von unerschöpflicher Geduld.

Wie anders hatte sie das in ihren früheren Beziehungen erlebt! Da war der Alltag oft ein einziges Tretminenfeld, denn etwas, was Lea sagte, konnte in den Augen des anderen falsch sein und ihn zutiefst kränken, oder etwas, das sie tat; aber ebenso konnte etwas, das sie *nicht* sagte und *nicht* tat, ebenfalls eine Kränkung auslösen oder einen Streit. Dann hing für Stunden oder gar Tage der Haussegen schief, und sie musste viel Zeit und Liebesmüh darauf verwenden, ihn wieder gerade zu hängen. So etwas hatte sie mit Ihm hingegen noch kein einziges Mal erlebt. Dabei war Er sehr wohl auch streng mit ihr und ernst, Lea spürte ganz genau, wenn ein Verhalten von ihr in Seinen Augen nicht bestand, weil sie damit wieder in ihre alte Persönlichkeit verfiel. Dann gab es, mit ihrer Seele als Vermittler, klare Anweisungen Seinerseits, direkt aus dem Schweigen heraus, eine feine Stimme, die mit unanfechtbarer Sicherheit Zustimmung oder Ablehnung erteilte und so ihr Tun sanktionierte. Meist waren es jedoch eher vorsprachliche Impulse, mit denen Er sie leitete, wobei Er zuweilen auch wie mit einem Lichtkegel auf alles leuchtete, was bei ihr noch zu verwandeln war. Mit der Zeit spürte Lea sogar schon, bevor sie überhaupt handelte, was Er von ihrer geplanten Handlung hielt und Seinen mitunter gegenläufigen Willen, den sie bei genauerem Betrachten jedoch zugegebenermaßen meistens einleuchtender als ihren eigenen fand. „Sein“ Wille war ihr nämlich nicht fremd, sondern letztlich sogar ihr ur-eigenster, der nur einer bisher völlig unbekannten, unauslotbaren Tiefe ihrer selbst entstammte, und so gar nichts mit der Persönlichkeit zu tun hatte, diesem

Bündel von Neigungen, Überzeugungen und Gewohnheiten, welches sie, an der Oberfläche, bisher war. Es gestaltete sich überraschend unkompliziert, ja geradezu geschmeidig, sich von Ihm und Seinem Willen führen zu lassen, denn Sein Joch ist froh und leicht. Und jedes Mal ging es im Grunde doch darum, etwas Kleines für etwas Größeres aufzugeben, ihr Ich zu überwinden, um sich mehr und mehr mit ihrem Selbst einen.

Hin und wieder ging Lea sonntags in den Gottesdienst, um dem Göttlichen auch dort, in geweihten Hallen, zu begegnen. Der Kirchgang machte den Sonntag jedes Mal zu einem besonderen Tag, verlieh ihm einen Hauch von Festlichkeit. Zudem liebte Lea das Orgelgebraus im hohen Kirchengewölbe, die Lesungen der Psalmen und das gemeinsame Singen, auch wenn sie mit ihren Tönen mindestens immer einen Halbton über oder unter denen der anderen lag, was sie jedoch nicht daran hinderte, aus vollem Herzen mit einzustimmen. Es war auch schön, gemeinsam mit anderen Jesu zu gedenken, besonders beim Abendmahl. Dann stellte die Gemeinde sich in einem Kreis um den Altar, und die Pfarrerin verteilte zuerst Brot, das sie mit den Worten brach: „Unser Herr Jesus Christus, in der Nacht, da er verraten ward, nahm er das Brot, dankte und brach´s, gab´s seinen Jüngern und sprach: Nehmt hin und esst. Das ist mein Leib, der für euch gegeben wird. Solches tut zu meinem Gedächtnis." Jetzt waren sie die Jünger und durften teilhaben an diesem heiligen Sakrament, was Lea jedes Mal ehrfürchtig erschaudern ließ, denn es wurde tatsächlich etwas verborgenes Göttliches dabei fühlbar. In einer zweiten Runde durfte jeder einen Schluck Wein aus einem reich verzierten goldenen Kelch nehmen, der so groß und schwer war, dass man ihn mit beiden Händen in Empfang nehmen musste, und vom dem die Pfarrerin sagte, er sei „der Kelch des Heils“. Lea trank mitunter gerne ein Gläschen Wein und der aus diesem Kelch schmeckte einfach köstlich. Zu der Zeit, bevor sie dabei war, sich nicht mehr allzu oft zu solchen Gelüsten verführen zu lassen, war sie mehrmals versucht gewesen, irgendwann nach dem Gottesdienst einmal zu fragen, bei welchem der so zahlreichen Winzern der Region man diesen Wein beziehe, damit sie sich für zuhause ein paar Fläschchen davon hätte besorgen können, aber das kam ihr dann doch zu sehr als Frevel vor. Und wahrscheinlich schmeckte der Wein ja auch nur deswegen so köstlich, weil man ihn aus dem „Kelch des Heils“ trank.

Das einzig Unangenehme beim Abendmahl war, dass das Bröckchen Weißbrot, das jeder dabei erhielt, und dieses war großzügig bemessen, von außerordentlich klebriger Konsistenz war und sich mit jedem andächtigen Kauen, anstatt sich aufzulösen, nur hartnäckiger zwischen die Zähne setzte. Und Lea hatte nicht den Mut, vom daraufhin gereichten Wein einen so großen Schluck zu nehmen oder gar zwei, um das Brot damit halbwegs hinunterzuspülen. So saß sie dann bis zum Ende des Gottesdienstes an ihrem Platz in der Bank, damit beschäftigt, möglichst unauffällig mit der Zunge zwischen den Zähnen herumzustochern, um die Brotreste in den Mundraum zurück zu bugsieren und sie dann schlucken zu können. Manchmal warf sie dabei einen heimlichen Blick zu den anderen Kirchgängern hin und konnte aus den verhaltenen Bewegungen deren Kiefer schließen, dass auch sie noch dasaßen und ebenso verstohlen nach dem Weißbrot pulten.

In Leas Jugend war der christliche Glaube für sie eine wichtige Stütze gewesen, neben ihrer Schwester die wichtigste Stütze überhaupt, auch wenn man sie in der Familie wegen ihrer ständigen „Kirchgängerei" gerne hänselte. Sonntag für Sonntag marschierte Lea die halbe Stunde zur Kirche und zum Gottesdienst, bei Wind und Wetter, und keineswegs nur, um damit für zwei Stunden dem häuslichen Elend zu entfliehen. Aber mit der Zeit, dem kritischen Verstand des Älterwerdens, gewiss aber auch der eigenen voranschreitenden inneren Erstarrung und Selbstentfremdung, kamen ihr die Predigten zunehmend nichtssagend vor, die Rituale und Gebete nur noch als sinnentleerte, ins Unbewusste kollektiv eingegrabene Handlungen und Sprüche, die die Gemeinde nur deswegen vor sich hinzumurmeln schien, weil es der Ablauf des Gottesdienstes so verlangte. Machte sich überhaupt noch irgendeiner von ihnen wirkliche Gedanken über das, was er da sprach oder in der Predigt hörte? Der Gott der Kirche erschien Lea immer unantastbarer und unfassbar, ein Gott vielleicht ja des hohen Himmels, aber gewiss nicht der Erde, Seiner eigenen Schöpfung und dem ganzen menschlichen Unglück, wie dem Leas, so fern. Noch dazu ein Gott, der eines Vermittlers bedurfte, wo er doch im Herzen eines jeden Menschen wohnt. Sogar Jesus selbst, den Lea als Kind so inniglich geliebt hatte, dass sie jedes Mal weinen musste, wenn sie an ihn dachte, erschien ihr auf einmal leblos und fremd, und sie konnte es nicht nachvollziehen, warum die christliche Kirche in den allgegenwärtigen Kruzifixen ausgerechnet sein Leid so verherrlichte; hätte man nicht viel lieber seine Auferstehung und seine unermessliche Liebe feiern sollen? Gott und Jesus, Sein eingeborener Sohn, die Kirche an sich, alles wirkte irgendwann nur noch alt, muffig, in Ritualen verkrustet. Vermutlich war dies der Grund, dass Lea eines Tages träumte, dass sie nur dann zu Gott finden könne, wenn sie aus der Kirche austrete, was sie zunächst sehr erschreckte. Aber der Traum hinterließ in ihr ein so deutliches Gefühl, dass es zwischen „Kirche“ und „Gott“ einen Unterschied gäbe, den sie herauszufinden hatte, sodass Lea schließlich doch seiner Weisung folgte, wenn auch anfangs mit schlechtem Gewissen.

Und genauso, wie im Traum prophezeit, war es dann auch gekommen: Lea hatte sich in den darauf folgenden Jahren eingehend mit den verschiedensten Religionen und Glaubensrichtungen befasst, allerdings nicht mit deren exoterischer, sondern deren esoterischer Seite, also weniger mit dem äußerlich vermittelten Wissen, sondern ihrem jeweiligen Zugang zu Gott mittels innerer Erfahrung, mit dem, was man im

Christentum „Mystik“ nennt. Und tatsächlich, Gott ließ sich aufspüren in der Kabbala des Judentums, im Sufismus des Islam, als das Tao des Zen, hinter den ägyptischen Gottheiten Isis, Horus und Osiris, im blauen indischen Krishna, der mit seinem sanften Flötenspiel die Seelen zu sich lockt, schließlich sogar in der Quantenphysik, die an sich doch atheistisch ist. Wirklich gefunden hatte Lea Ihn dann aber erst in dem philosophischen Ansatz der Evolution des Bewusstseins und dem Integralen Yoga Sri Aurobindos, welcher Lea schließlich restlos von der Existenz Gottes überzeugte und sie mit Leib und Herz und Seele spüren ließ, dass Gott in Seiner Schöpfung sehr wohl allgegenwärtig ist und mit schier unendlicher Geduld nur darauf wartet, dass der Mensch sich Ihm zuneige.

Als dies geschehen war, trat Lea wieder in die christliche Kirche ein, denn ganz besonders nah und lieb war und blieb ihr eben doch Jesus, auch wenn sie wusste, dass ein jeder Gott, ein jeder Seiner Namen nichts anderes war als *eine* Speiche eines Rades, dessen Nabe sie alle eint. Ein bisschen kam Lea sich damals vor wie der verlorene Sohn aus der Bibel, der nach Jahren in der Fremde wieder heimkehrt und von seinem Vater freudig willkommen geheißen wird, gerade weil er den Mut besaß, hinauszuziehen in die Welt, um seinen eigenen Weg zu Gott zu finden. Gottes Licht konnte sich auch bei Lea wohl erst in der Fremde so richtig entzünden. Und Lea staunte, wie mannigfaltig die Wege doch sind, mit denen Gott die Menschen heimlich zu sich führt. So hätte sie im

Traum nicht daran gedacht, Gott eines Tages als den über alles Geliebten im eigenen Herzen zu entdecken. Aber vermutlich war es so, wie es in der Bhagavadgita, einem der Heiligen Bücher Indiens, geschrieben steht, dass Gott auf den Menschen auf die gleiche Weise antwortet, wie dieser sich Ihm suchend nähert, und jede Gotteserfahrung damit unvergleichlich und einzigartig ist.

Wenn Lea jetzt in den Gottesdienst ging, war alles, die Lieder, die Psalmen, die Predigt, von Neuem lebendig, auf eine schöne Weise altvertraut und doch neu, da nun von spiritueller Kraft durchdrungen. Ihre Seele zehrte davon. Auch genoss Lea es jetzt, in jedem Gottesdienst eine Facette von Gott, die sie bisher noch nicht kannte, von ihrer Pfarrerin, die Lea ebenso schätzte wie mochte, vermittelt zu bekommen, für eine Weile durch deren Augen zu schauen, sich deren Sichtweise Gottes zu öffnen dank einer jedes Mal gelungenen Gesamtkomposition aus Psalmen, Liedern und Texten. Und wie bewegend war es jetzt, Brot und Wein aus einer lieben Hand zu empfangen. Ein warmer Blick, ein kaum sichtbares Nicken, ein kleines Lächeln, das vorüberhuscht: stilles Einverständnis.

Zudem gab es in jedem Gottesdienst mindestens einen Aspekt oder einen Hinweis, der gerade, auf wundersame Weise, genau zu Leas aktueller Situation passte, sich in ihr Leben einfügte, innere Prozesse erhellte und ergänzte. Mal war es ein Zitat aus der Bibel, mal das Thema der Predigt oder der Text eines

Liedes, den Lea dann wie einen Schatz in ihrem Herzen nachhause trug, um sich dort in Ruhe weiter daran zu wärmen. Oft las sie eine Stelle in der Bibel nach, die sie jetzt zum ersten Mal in ihrem Leben wirklich verstand, und es kam ihr so vor, als sei in ihr neuerdings so etwas wie ein Programm aktiviert, das bei allem, dem sie sich unvoreingenommen näherte, immer öfter und immer tiefer dessen verborgenen Sinn hervorleuchten ließ. Immer klarer konnte sie nun die Botschaft Gottes in den Dingen erkennen, Seine Gegenwart, Seinen Glanz: lebendig gewordenes Zeugnis - vielleicht weil Gott in Lea ja jetzt ebenfalls lebendig geworden war.

39

Überhaupt veränderte sich Leas Alltag dahingehend, dass sie, wenn sie nur konzentriert genug blieb, jeden Tag „Gottesdienst“ halten konnte. Sie war dazu übergegangen, ihr Wissen im Umgang mit anderen ganz praktisch anzuwenden, denn wenn man es nicht *lebt*, hat alles Wissen, so fand sie, doch keinen Nutzen. Mit ihrem ersten Erwachen im Winter hatte Lea erkannt, dass die ganze Welt „da draußen“ sich in Wirklichkeit in ihrem eigenen Seelen-Innenraum befindet. Es gab also überhaupt nichts von ihr Getrenntes, nichts, das nicht aus derselben Substanz war wie sie, denn es gibt nur ein Selbst in allen und allem. Aus dieser Haltung heraus versuchte sie nun, den „Anderen“ zu begegnen und stellte dabei fest, dass das ganze Spektrum spontaner ich-hafter Regungen wie Ärger, Ablehnung, Sympathie, sich wandeln ließ in eine gelassene, leicht neugierige Distanz, auf welche Weise, in welcher Gestalt Er, der doch in allen Wesen wohnt, ihr diesmal entgegentreten würde. Auch das gehörte zu ihrem gemeinsamen Spiel, und es ergaben sich damit unendlich viele und neue Möglichkeiten, Ihn aufzuspüren, zu lieben und zu finden, und dies sogar in solchen Menschen, in denen Er sich noch ganz tief versteckte.

Jedes Mal, wenn ein Kunde das Geschäft betrat und Lea sich vergegenwärtigte, dass auch dieser, wie sie selbst, eine Seele in Entwicklung ist, ein einzigartiger Ausdruck des Unendlichen, völlig unabhängig noch von seiner äußeren Form, entstand ein außerordentlicher Moment der Dichte und Intimität, und Milde floss in ihr Herz. Auch die Kunden bemerkten etwas, das konnte Lea aus ihren Reaktionen schließen. Meist suchten oder hielten sie Blickkontakt, ein wenig länger und intensiver als üblich, so als würde der Eine sich im Anderen wiederfinden, sich für den Bruchteil einer Sekunde nur erkennen als Licht vom gleichen Licht. Vielleicht hatten die Kunden dabei auch das Gefühl, wenn auch gewiss unbewusst, zum ersten Mal im Leben als das gesehen zu werden, was ein jeder von ihnen zutiefst innerlich war: eine Seele auf dem Weg zu ihrer Vollendung. Und Lea stellte fest, dass es aufgrund dieses Vorgehens und der damit verbundenen Erfahrungen immer leichter wurde, die Einheit von allem zu sehen und zu spüren, und damit:

zu lieben – und nicht mehr nur das Göttliche an sich, sondern das Göttliche in allen und allem! Und Lea selbst fühlte sich dadurch immer mehr wie eine große, sanfte, liebende Mutter.

Diese Veränderungen im Alltag ereigneten sich, ohne dass Lea selbst, abgesehen von einer recht disziplinierten Konzentration, etwas dafür tat, sie geschahen einfach, und Lea ließ sie vertrauensvoll geschehen. Das Vorgehen ihrer Seele, sie nun anzuleiten, stets im Sinne des Willens des Einen, kam ihr allerdings sprunghaft und in ihren Augen höchst chaotisch vor, denn es steckte so gar keine Methodik darin. Heute war es dies, worauf ihre Seele sie aufmerksam machte, morgen jenes, mal gab es eine knappe Anweisung, etwas zu unterlassen, dann wiederum eine, etwas Bestimmtes zu tun, dazwischen Lob oder ein unsichtbares Stirnrunzeln, wenn Lea mal wieder zu sehr in alte Mechanismen verfiel - aber es ging jetzt mit großen Schritten voran. Das Empfinden von Bamberg, mit der Welt zu verschmelzen und alles, was als ein Außen erscheint, in sich selbst zu umfangen, flackerte in ihrem Bewusstsein inzwischen immer häufiger wieder auf, wenn auch ohne derzeit noch länger anzuhalten. Selbst das Gedröhne im Sportgeschäft störte sie deutlich weniger und nur noch an solchen Tagen, an denen sie nicht ganz bei sich war. Menschen, Geschehnisse, Geräusche fanden zunehmend auf einer Art inneren Bildschirms statt, lebendige Szenen in einem weiten, stillen Raum, die sich in kleinen oder großen Bewegungen vorüberwälzten, ohne dass Lea sich in ihnen verfing. Es war ihre Seele, die alles einfach nur beobachtete, mit Gleichmut und ruhiger Distanz. Und je mehr Lea das Eine Selbst in allem erkannte, sah, fühlte, liebte, umso weniger konnte irgendetwas sie und ihre innere Ruhe noch stören.

Sobald Lea die Augen schloss, kehrte inzwischen sowieso meist völlige Stille ein, so als würde mit dem Schließen ihrer Lider automatisch ein Schalter umgelegt. Nichts regte sich dann mehr, sie versank noch im selben Moment in einem Ozean der Stille, im Meer der Ewigkeit, denn Ewigkeit ist gleich Stille. Je ruhiger und unbewegter es in ihr wurde, desto mehr synchronisierte sich ihr Bewusstsein mit der Schwingung dieses Großen Wassers des Schweigens. Diese Schwingung war so gänzlich anders als das Meer von Schwingungen „da draußen“, denn diese waren in der Regel schrill, besitzergreifend, hektisch und laut. Das, was Lea in diesen Momenten jedoch spürte, waren die Schwingungen „dahinter“, vielmehr die Große Schwingung des Einen, die hinter allem pulsiert und allem Leben schenkt, zudem im Innersten eines jeden Wesens ruht, „om mani padme hum“: verborgenes Lotosjuwel im Herzen.

Verwundert war Lea dabei nur, dass die Kraft, die während dieser Versenkung immer stärker über sie kam und einer Quelle in ihr selbst zu entspringen schien, eindeutig weiblicher Natur war, so als wolle das Göttliche sich ihr neuerdings auch, oder sogar vor allem, mit Seiner weiblichen oder mütterlichen Seite nähern. Das überraschte Lea doch sehr! Diese weibliche Seite Gottes war ungeheuer machtvoll und zugleich überaus sanft, dabei so weich und inniglich-warm und zum Zerschmelzen schön, als habe die Liebe selbst ihr Siegel ihr aufgeprägt. Leas Körper versank darin, ward flüssiges Gold – oh holde Seligkeit, bleib!

40

Aber so, wie die Seligkeit über sie kam, unvermittelt, von jetzt auf gleich, unberechenbar in Länge, Tiefe und Dauer, zog sie sich auch immer wieder für eine Weile zurück, was Lea jedes Mal ein wenig unruhig und wehmütig stimmte. Wie gerne hätte sie Tag und Nacht, jede Stunde, Minute, Sekunde, sich auflösend, nur noch darin verbracht. Aber noch war es nicht so weit. Manchmal, wenn die Seligkeit, diese unsichtbare, nur fühlbare Spur, die ihr zeigte, wo Er oder Sie gerade ging und wohin Er sie leiten wollte, für Leas Empfinden etwas zu lang auf sich warten ließ, bis sie sie wieder beglückte, begann sie zu feilschen. Lea war sich der Unlauterkeit dieses Vorgehens durchaus bewusst, was sie jedoch nicht daran hinderte, es dennoch zu tun.

Eigentlich hatte sie sich ja vorgenommen, nur noch den Willen des Höchsten zu wollen, sich Ihm zu fügen in allen Dingen und Belangen und dies weitestgehend auch schon befolgt. Aber, was diese so unvergleichliche und zuhöchst beglückende Wonne betraf, konnte es doch nicht verkehrt sein, Ihn, wie sie meinte, hin und wieder darauf hinzuweisen, wie unendlich gerne sie doch noch ein wenig mehr davon hätte. Lea: wie immer unersättlich. Außerdem war es doch jedes Mal eine tiefe Begegnung mit Ihm. An solch liebeshungrigen Tagen schob sie ihrem Liebsten im Geiste einen Wunschzettel zu, auf dem zum Beispiel stand „Tausche Genuss gegen Ananda", sprich: Seligkeit. Denn selbstverständlich war Lea bereit, selbst einen Beitrag zu leisten, Ihm, wenn sie nun doch etwas von Ihm erbat, im Gegenzug etwas von sich anzubieten, und, wie gesagt, die alltäglichen menschlichen Befriedigungen reizten sie sowieso kaum mehr, daher war es kein allzu hoher Preis. Sie konnte gut auf die eine oder andere abendliche Leckerei oder ein Glas Wein, das sie sich nach wie vor ja schon mal gerne gönnte, verzichten, wenn sie doch nur mehr dieser Seligkeit spüren durfte, und harrte danach gespannt Seiner Reaktion.

An jenem Tag allerdings, als Lea sich selbst und Ihm das erste Mal Stein und Bein schwor, auf gewisse Gelüste künftig zu verzichten, war sie, keine zwei Stunden danach und wie ein trotziges Kind, erst einmal zu einem Winzer gefahren, um sich einen Sechser-Karton dessen vorzüglichen Weißburgunders zu kaufen, dazu gleich noch zwei Flaschen Winzersekt, Pinot rosé, brut, Flaschengärung, den trank sie am liebsten. Danach unterbreitete sie Ihm mit recht überzeugender Stimme, dass es ja sicherlich nicht in Seinem Interesse sein könne, diese flüssigen Schätze nun, womöglich irgendwo im hintersten Winkel ihres Kellers, verkommen zu lassen, und Er daher gewiss ein Einsehen habe, wenn sie, Lea, sich dieser Fläschchen erst noch erbarme, bevor sie zu ihrem Gelöbnis überging. Gleich am selben Abend noch, denn die Vernichtung des Weines sollte doch recht zügig geschehen, hatte sie sich eine Flasche des Weißburgunders kaltgestellt und davon getrunken, nun doch ein wenig mit schlechtem Gewissen und in der Erwartung, dass der auf diesem Wege noch schnell ergaunerte Wein ihr nicht schmecke. Aber er mundete ihr köstlich, noch köstlicher als der aus dem „Kelch des Heils", wie Wein, der sich selbst als Wein genießt, was den Genuss so potenzierte, dass Lea währenddessen eine Wonne überfiel, in einer Intensität und Tiefe, die sie bisher noch nicht kannte, und sie verstand die Welt nicht mehr. Die Wege des Herrn sind eben unergründlich.

Auch als Kind hatte Lea schon Wunschzettel geschrieben, allerdings nur einmal im Jahr, kurz vor Weihnachten, und an das Christkind als Adressat. Diese Zettel wurden dann, in der Wohnung im fünften Stock, gegen Abend außen am Fenster hinter ein dort befindliches Barometer geklemmt und in der Nacht darauf von einem Engel abgeholt. Am nächsten Morgen waren sie nämlich tatsächlich immer weg. Vom Himmel aus hatte der Engel es bis zum fünften Stock ja nicht so weit. Leider erwies dieser sich dennoch als äußerst unzuverlässig, denn Leas auf die Zettel gekritzelten oder gemalten Wünsche gingen fast nie in Erfüllung. Statt des erhofften knallroten Fahrrads gab es sechs versilberte Bouillonlöffel für ihre spätere Aussteuer, und statt des sehnsüchtig erwarteten Kastens Lego eine dämliche Puppe, mit der Lea nichts anzufangen wusste, als sie, der Mutter zuliebe, welche das Geschenk des Christkinds unerklärlicherweise ganz fantastisch fand, einmal täglich für eine Weile auf dem Arm herumzuschleppen. Dabei hatte sie aus den Legos doch ein Häuschen für ihr Meerschweinchen bauen wollen und schon ein ganzes Heft voller Entwürfe gemalt. Lea hatte den Engel daher in Verdacht, dass er ihren Zettel mit denen anderer Kinder vertausche, was sie schon sehr enttäuschte, denn, wie gesagt, bis zu ihrer Wohnung hatte er es doch gar nicht so weit. Aber vielleicht lag es ja *gerade* daran, dass ihr Zettel einer der ersten war, die der Engel des Nachts abholte und er somit, bis er mit seinem Einsammeln fertig war, schon wieder vergessen hatte, dass es doch ihrer war. Daher schrieb sie von da an „von Lea“ mit ihren dicksten Buntstiften darauf, „Lea“ kräftig rot unterstrichen und mit drei Ausrufezeichen dahinter, aber leider erzielte sie bezüglich ihrer Wunscherfüllung auch damit keine höhere Trefferquote. Zurück blieb das Gefühl, im Leben nie das zu bekommen, was sie sich sehnlichst wünschte. Obwohl sie im Laufe ihres weiteren Lebens sehr wohl auch anderweitige Erfahrungen gemacht und vom Leben Geschenke erhalten hatte, die den ihr überhaupt möglichen Wunschhorizont bei Weitem überschritten, flackerte dieses alte Gefühl des Mangels hartnäckig bis heute manchmal noch auf.

Dieses Gefühl, dass irgendetwas in ihrem Leben noch nicht so war, wie es sollte, noch nicht wirklich passte, hatte sich auch in den letzten Wochen verstärkt bei Lea eingestellt und ausgerechnet seit dem Zeitpunkt, seitdem ihre Seele aus ihrer verborgenen Höhle im Herzensgrund hervorgetreten war. Dieses ungute, noch vage Gefühl betraf allerdings nur Leas Arbeit im Sportgeschäft. Denn so, wie zu den Kunden eine größere Nähe entstand und selbst „Wildfremde“ ihr Offenheit und spontane Zuneigung zurückspiegelten, sie von ihrem Chef Anerkennung für ihre Leistung erhielt, gab es mit ihren Kollegen, nach wie vor nur mit den weiblichen, zunehmend Kollisionen, denn diese hatten wieder zu beißen angefangen. Je ruhiger und gelassener Lea wurde, je intensiver ihre inneren Prozesse, je stärker die Liebe in ihr erblühte, umso mehr wurde sie dort angegriffen. Die Kolleginnen witterten wohl, dass etwas anders bei ihr war, erschnüffelten unbewusst dieses unsagbare, unbenennbare Neue, das Lea inzwischen wie eine Aura umgab und begannen, sie unterschwellig zu bekämpfen, so wie Menschen immer das bekämpfen, was ihnen fremd erscheint. Bei jeder Gelegenheit wurde Lea angeschnauzt, Fehler, die andere machten, ihr untergeschoben, sie in Gesprächen wieder ausgegrenzt, und Lea wurde klar, dass man sie trotz ihres Bemühens dort nie integrieren würde, und vielleicht war dort für sie ja auch noch nicht der rechte Platz.

Neben dem Verkauf hatte Lea die Aufgabe, einfachste Büroarbeiten auszuführen. Und wenn sie dasaß und Briefe faltete, in Umschläge steckte und frankierte, oder auf Geheiß anderer einen Stapel Briefe kopierte, oder, wenn die Putzfrau erkrankt war, auch schon mal die Toiletten und Waschbecken putzte, darin war sie durch ihre Arbeit im Hotel ja versiert, beschlich sie doch eine Traurigkeit. Es war keine Verzweiflung, dafür war Lea inzwischen doch schon zu gelassen, eher eine leise Trauer, weil sie an früher dachte, an ihren einst so geliebten Beruf, und dass sie doch noch ganz andere Qualitäten besaß, als Sport-BHs zu verkaufen, Klos zu putzen und Briefe zu frankieren. Aber es kam von innen, von ihrer Seele, kein Impuls, ihre Tätigkeit als Psychotherapeutin wieder aufzunehmen oder sich woanders nach einer Stelle als Verkäuferin umzusehen, und so lange kein Impuls kam, würde Lea nichts verändern, denn sie hatte sich doch vorgenommen, in allem treu dem Willen des Göttlichen zu folgen.

Während dieser Zeit hatte Lea einen sie elektrisierenden Traum: Sie war bei Aldi einkaufen, wobei der Discounter im Traum eher eine Art Lager war, ein großes fensterloses Gebäude mit engen, wenn auch hell beleuchteten Gängen, die ihr doch etwas das Gefühl gaben, eingesperrt zu sein. An den Seiten befanden sich hohe provisorische Schränke, sie schienen aus Pressspan zu sein, mit Schiebetüren, hinter denen die Lebensmittel lagerten. Lea schob ihren Einkaufswagen durch die einzelnen Gänge, entnahm den

Schränken, was sie so brauchte für ihren täglichen Bedarf, es war sogar ein Kuchen mit Schokoladenguss dabei, auf den sie sich freute. Nach dem Bezahlen an der Kasse packte die Kassiererin Leas Einkäufe in einen großen Karton und überreichte ihn ihr mit den Worten: „Sie sind frei!“ Lea zuckte zusammen: Worte wie Donnerhall, aus einer Zukunft, die schon mit den Hufen scharrte! Und entsann sich im selben Moment, dass sie genau diese drei Worte jetzt schon zweimal gesagt bekommen hatte, hier oder anderswo, im selben oder einem anderen Traum, sie diese aber vergessen hatte oder darüber wieder eingeschlafen war, und dieses nun das dritte und allerletzte Mal war, dass man sie ermahnte – höchste Zeit aufzustehen!

41

An einem Tag hatte Lea zum Frühstück Kirschen gegessen, tief dunkelrote, pralle, herzförmig runde, die ersten Süßkirschen dieses Sommers, der mit einer Hitzewelle die Temperaturen über 30 Grad steigen ließ und solch sonnengereifte Früchte bescherte. Während sich auf ihrem Teller die abgenagten Kirschkerne häuften, kam Lea in den Sinn, dass ein jeder von ihnen in sich das Potenzial eines ganzen Kirschbaums enthielt, hierfür aber erst aus dem süßen, saftigen Fruchtfleisch frei gelegt werden musste. Und dass jeder, aus einem einzigen Kirschkern entstehende Baum wiederum und Jahr für Jahr, unzählige Früchte tragen würde, alle ebenfalls mit je einem

Kern, aus dem wiederum unzählige Bäume und Früchte heranreifen würden – welche Fülle! Und verhält es sich nicht genau so auch mit der Seele des Menschen, überlegte Lea, die ein ebenso unerschöpfliches Potenzial in sich birgt, durch das der Mensch, sonnenbeschienen, wachsen und reifen und immer neue und süßere Früchte hervorbringen kann?

Während dieses Sinnierens über Kirschkerne und -bäume wurde Lea unvermittelt in der ganzen Tragweite bewusst, welch historischer Augenblick im Leben eines Menschen doch gekommen ist, ja, welch gewichtiges Ereignis im Laufe seiner gesamten individuellen Evolution, wenn seine Seele, aus dem hinfällig gewordenen, abgeknabberten Ich heraus, in den Vordergrund zu treten beginnt und, gemeinsam mit ihr, das Bewusstsein nun wieder zu sich selbst erwacht. Zu gewaltig die Zeiträume, die in diesem ominösen Augenblick hinter der Seele liegen, um sie mit dem Verstand zu erfassen, sofern man das Empfinden einer Seele überhaupt in herkömmliche Begriffe fassen kann, es bräuchte eigentlich auch hierfür eine neue Sprache. Sind es Tausende von gelebten Erdenjahren, die hinter einer erwachenden Seele liegen, oder eher Jahrmillionen, wenn nicht gar -milliarden? Denn ab welchem Zeitpunkt hat eigentlich das Bewusstsein sein Bewusstsein für sich selbst verloren? Beim Urknall schon, zu jenem Zeitpunkt, an dem das All entstand? Oder erst mit Entstehung der Erde – aber auch das ist ja nun schon rund fünf Milliarden Jahre her!

Das, was der Mensch „Erde“ nennt, setzt sich aus allen anderen Welten und Bewusstseinsebenen, die es im Universum und jenseits davon gibt, zusammen. Sie alle sind der Erde immanent, wie Samen in ihr angelegt, um sich im Laufe der Evolution zu entfalten. Diese kosmischen und transkosmischen Zusammenhänge hatte Lea damals in den Büchern Sri Aurobindos aufs Genaueste dargelegt gefunden, eine Kosmogonie, die sie in ihrer Brillanz, Folgerichtigkeit und klaren Nüchternheit ebenso faszinierte wie überzeugte. Ihr gesamtes Sachwissen stammte von ihm und einigen anderen Evolutionsphilosophen, schließlich hatte sie Jahre lesend und studierend verbracht. Dennoch war Lea jetzt überrascht, wie viel davon bei ihr hängengeblieben, ja, mehr als das, sogar verinnerlicht war. Die Bücher selbst hatte sie alle zusammen mit ihrem alten Leben am früheren Wohnort zurückgelassen. Deren Inhalte aber, wahre Schätze, waren in einer solchen Selbstverständlichkeit und Intensität präsent, dass es Lea vorkam, als habe das jahrelange Lesen wie ein Katalysator ein recht beachtliches Wissen inzwischen auch in ihr selbst frei gelegt. Denn ruht nicht alles Wissen prinzipiell im Menschen und er braucht nur die Tür dorthin zu öffnen? Neben dem reinen Verständnis begann Lea nun jedoch, Schritt für Schritt, das Wissen im Lebensalltag und am eigenen Leibe nachzuvollziehen, es stand auf in ihr und wurde erlebbar, wurde lebendig.

Wenn Lea sich im Fernsehen Dokumentationen über das Weltall, den Urknall oder die Evolutionsgeschichte der Menschheit anschaute, war sie jedes Mal erstaunt, dass die Wissenschaftler, die an der Sendung beratend mitgewirkt hatten oder darin zu Wort kamen, bis heute noch daran festhielten, dass Leben und Geist aus toter Materie oder einem Nichts heraus entstanden seien. Aber aus einem „Nichts“, davon war Lea überzeugt, kann doch nichts entstehen! Auch diese Einsicht war für Lea, die doch Laie war, mehr als Wissen, nämlich Tatsache, und als solche selbstverständlich. Daher wunderte es sie, dass doch wesentlich gebildetere Menschen als sie sich so schwer damit taten, diese anzuerkennen. Es muss in diesem vermeintlichen Nichts der „toten“ Materie eben doch schon etwas vorhanden gewesen sein, in diese „involviert“, im Sinne von „ein-gewickelt“, um sich überhaupt „evolvieren“, d.h. „ent-wickeln“ zu können. Und glaubt man Sri Aurobindo, Ken Wilber und anderen großen Denkern und Weisen, dass der Antrieb, Sinn und Zweck der Schöpfung letztlich eine Evolution des Bewusstseins ist, so hieße dies, dass sich das in der Erde involvierte Bewusstsein in einem Jahrmilliarden umspannenden Prozess in immer größerer Vollkommenheit unter physischen Bedingungen manifestieren, sich offenbaren will – hin zu einem letztlich göttlichen Leben auf Erden. Diese Vollendung wäre demnach dann erreicht, wenn das höchste Bewusstsein, das sich jenseits der Schöpfung befindet, auch innerhalb der Schöpfung wieder aus seinem Dornröschen-Schlaf erwacht, und sich – hier wie dort – als das All-Einige erkennt, als Transzendenz, Universum und menschliches Individuum. Das Transzendente drückt sich, in Formen gestaltet, im Universum aus, und das Universum sich, kristallisiert oder wie ein Brennpunkt, in jedem einzelnen Individuum. Und irgendwann kommt auch hier der große Augenblick, in dem ein furchtloser Königssohn die dichte Dornenhecke durchdringt und das schlafende Dornröschen wachküsst, weil die „hundert Jahre" Tiefschlaf genau zu diesem Zeitpunkt vorüber sind.

Über lange Zeiträume hinweg war die irdische Evolution an eine Evolution der Formen gebunden, als solche sichtbar, so wie sie Charles Darwin beschrieb. Dies war aber nur die äußere Sichtweise der Dinge, soviel war Lea aufgrund ihrer früheren Lektüre klar, denn wer oder was sollte die jeweils schon vorhandenen Formen angetrieben haben, sich zu verändern und in immer weitere, höher entwickelte Formen überzugehen, wenn nicht Bewusstsein, bewusstes Sein? Wer oder was ließ eine neue Spezies entstehen, mit neuen Fähigkeiten, einem größeren Aktionsradius und wacherem Geist, und wofür und wozu? In der „Form", der Gestalt des Menschen hat diese nach außen hin sichtbare Evolution der Formen offensichtlich ihr Ende erreicht, aber die Evolution selbst ist – laut Sri Aurobindo und anderen - noch längst nicht am Ende.

Der Mensch gälte nur deshalb als „Krone der Schöpfung", weil seine äußere Gestalt vollkommen und vollendet sei, sodass der Große Schöpfer an ihr anscheinend nichts mehr zu verbessern hat. In der Gestalt des Menschen gehe somit die Evolution der Formen in eine Evolution des Bewusstseins über, diese werde vielmehr nun erkennbar, denn vom Hintergrund aus habe das Bewusstsein schon immer die geheimen Fäden der Evolution gesponnen. Seit Entstehung der Erde sei die Evolution darum bemüht, unter materiellen Bedingungen zur Vollendung zu gelangen, aber erst im Menschen werde ihr methodisches Vorgehen und ihr Ziel offenbar und für jeden sichtbar, der bereit sei, wachen Auges zu sehen. Dem Menschen komme damit die große Aufgabe zu – und die außerordentliche Chance – bewusst und freiwillig an der weiteren Entfaltung des Bewusstseins bis hin zur Vollendung dieser Schöpfung mitzuarbeiten, an Gottes Großen Werk, diesem Opus Magnum. Ja, genau das war es, was damals, in jungen Jahren, Leas Herz so sehr entflammte, dass es für sie keinen anderen Sinn im Leben mehr gab, als diesen Weg der bewussten Entfaltung mitzugehen! Die Stufen zum absolut Höchsten sind in der Erde wie im Menschen angelegt, und Sehnsucht und Heimweh im Herzen der Menschen, sie gemeinsam – Erde und Mensch - zu erklimmen.

Bisher sind, auch das verinnerlichtes Wissen von Lea, innerhalb der Schöpfung aus der Materie als Basis Leben und Geist, als die so genannte vitale und mentale Bewusstseinsebene, zutage getreten. Jede weitere Entwicklung findet von nun an auf den inneren Ebenen statt. Diese Wende nach innen kann aber nur da beginnen, wo ein Mensch ein wirkliches Individuum geworden ist, in sich selbst so komprimiert, kristallklar, einzigartig und wahrhaftig, dass aus seinem „seelischen Funken“ ein „seelisches „Wesen“, wie Sri Aurobindo die Gestalt annehmende Seele nannte, heranwachsen kann. Die erwachende Seele ist somit wie das Basislager einer Expedition, eine im Unendlichen fest verankerte Boje auf dem schäumenden Meer des Lebens, ohne sie würde der Mensch auf immer und ewig als Spielball der Wogen unbewusster Kräfte hin und her geworfen. In seiner vollendeten Form würde dieses seelische Wesen, „wahre Gestalt“, „wahrer Mensch“ geworden, schließlich wieder den ganzen Kosmos in sich umfangen, diesmal jedoch mit seiner ganzen Bewusstheit.

Über diese so unermesslichen Zeiträume der bisherigen Evolutionsgeschichte hinweg habe das Bewusstsein, ursprünglich eine Macht – „Bewusstseinsmacht“ - seine eigene Kraft verloren, sich aufgespalten in Bewusstsein und Energie, die seither nicht mehr zueinander fanden. Die Energie habe das ganze Universum ausgearbeitet, mechanisch, also ohne sich dessen bewusst zu sein, denn das Bewusstsein war voll und ganz in die irdischen Umstände versunken. In ihr jedoch, das spürte Lea in diesen immer heller und heißer werdenden Sommertagen ganz genau, war ihr Bewusstsein soeben mit großen Schritten dabei, zu seiner eigenen Kraft zurückzufinden, sich aus allem herauszuschälen, was es noch an sich band, einen Knoten, mit dem das Bewusstsein noch mit Unbewusstem verstrickt war, nach dem anderen zu lösen, deutlich beschleunigt seit ihrer gänzlichen Überantwortung an den Liebsten, den Höchsten.

Den meisten früheren spirituellen Traditionen, auch dies eine Frucht Leas früherer Lektüre, war es offensichtlich als unmöglich erschienen, diese zahllosen Knoten aufzuknüpfen und zu einer Vollendung menschlichen Lebens auf Erden zu gelangen. Sie hatten das irdische Leben daher als Illusion abgetan, als „Maya", der es zu entkommen galt, ihr Erwachen zur Flucht ins transzendente Nirvana, den Ewigen Frieden, benutzt und damit als Ausstieg aus der Schöpfung. Die Schöpfung aber ist kein Irrtum, kein Alptraum eines Großen Träumers. Gott irrt sich nicht! Die physischen Phänomene der irdischen Welt sind aus derselben Substanz erschaffen wie der immaterielle Geist, eben nur ein anderer „Aggregatzustand" desselben, somit ganz gewiss keine Illusion, sondern einfach nur Geist, in Materie gekleidet. Sie harren ihrer Erlösung, die darin liegt, sich als das zu begreifen, was sie von ihrer Ur-Idee her sind: formvollendete endliche Symbole des Unendlichen. Das Leben auf Erden hat einen Sinn und Zweck, ein Ziel und damit die Gewissheit seiner Erfüllung.

An diesem Ziel mitzuwirken, mit Freude, Vertrauen und der ganzen ihr zur Verfügung stehenden Kraft, ja, das entflammte Lea nun wieder, ihre durch die Krankheit und das Leid schon fast erstickte Seele war wieder zu voller Strahlkraft erwacht. Dabei war Lea einmal mehr dankbar dafür, dass mit ihrem Absturz und der Erkrankung die große Ernüchterung über sie gekommen war, denn ein nüchterner klarer Verstand und eine gute Bodenhaftung sind – bei allem ebenso erforderlichen inneren Feuer – unabdingbar für diesen Weg.

42

Spiegelungen

Stehendes Wasser im morschen Stumpf eines Baums,
schwarzes Laub huscht filigran hinüber,
dahingeworfenes Spiel von Licht und Schatten.

Da reißt der Himmel auf,
ein Stück Bläue fällt hernieder,
Himmels Scheibe im alten Baum,
und ebenso blau wie der Himmel ist das Wasser.

Der Mensch gewordene Mensch
hält jäh in seinem Betrachten inne -
war nicht auch er einst vom Himmel gefallen?
Aber wer ist nun das Abbild und wer das Original?

43

Am beeindruckendsten fand Lea bei ihrem Reflektieren über die inneren Zustände und äußeren Welten die Einsicht, dass die weitere Evolution mit ihrer Offenbarung neuer Welten nicht irgendwo anders stattfinden würde, in einem Jenseits oder einer anderen Sphäre des Universums, sondern hier, auf dieser Erde, inmitten dieser Welt! Je klarer Lea sich die Zusammenhänge vor Augen führte, desto bewusster wurde ihr, dass es keine „neue Erde“ irgendwo anders geben und das Paradies nirgends sonst zu finden sein würde als auf Erden: jetzt und hier. Dieser Gedanke war weder neu noch Ausdruck eines Wunschdenkens von Lea, denn bereits im Johannes-Evangelium - wie Lea gerade dieser Tage als Hinweis in einem Buch gelesen und selbst nachgeprüft hatte - sagt Jesus zu seinen Jüngern, das „Königreich“ (Gottes) sei über die Erde ausgebreitet, aber die Menschen sähen es nicht.

Lea war daher nicht bereit, sich auf irgendein vages, stets in einer ungewissen Zukunft befindliches Jenseits vertrösten zu lassen. Denn es gibt keine „neue“, im Sinne einer „anderen“ Erde, sondern nur einen neuen Blick, den Blick der Einheit, den Blick der Liebe, der alle bisherigen Verzerrungen richtigstellt und der Erde den ihr gebührenden außerordentlichen Platz im Universum zuerkennt. Einen Blick, der jetzt schon die neue Welt aus der alten heraus entstehen sieht, wie von dieser freigegeben, unvoreingenommenen Augen sichtbar und all jenen, die noch an Wunder glauben. Denn je tiefer das eigene Bewusstsein, desto allumfassender wird die Wirklichkeit, die man sieht. Dieser Blick, der alles zu verwandeln und obendrein das Rätsel eines jeden Lebens zu lösen weiß, ist ein Blick aus der Tiefe, aus der Mitte heraus, um die herum sich urplötzlich alle bisher noch verstreuten Aspekte zu einem großen Ganzen mit seiner geheimnisvollen Ordnung fügen, wie zu einer leuchtenden Lotusblüte, einem einzigartigen formvollendeten Mandala. Das Mysterium der Erde, davon war Lea fest überzeugt, wird jedoch nur dem begreiflich, der sich selbst erforscht und erkannt hat in aller Tiefe, denn Welterkenntnis setzt bekanntlich Selbsterkenntnis voraus. Das „Erkenne dich selbst!" war daher in den meisten spirituellen Traditionen der Aufruf zu Beginn des mystischen inneren Weges. Und es gelangt auch „keiner in den Himmel, der nicht durch die Hölle ging", wie Sri Aurobindo in seinem Epos „Savitri" so eindringlich schrieb.

Leid entspringt immer Unbewusstheit, das gilt für das eigene Leben ebenso wie für die Erde. Und nur ein unbewusster Mensch ist in der Lage, den Planeten Erde, dieses frei im Kosmos schwebende Juwel – geliebter kleiner blauer Punkt - als unbewusst anzusehen, ebenso unerlöst wie er selbst, und entsprechend geht er mit ihr um. Aber um bewusst zu werden, muss man die Hölle durchqueren. „Hölle", das hatte Lea in ihren Psychosen erfahren, meint dabei das Hinabsteigen in die eigene Unterwelt, ins gefährliche, dem Ich den Tod bringenden Dunkel. Das jedoch, was sich beim Abstieg in die Finsternis als gähnender, alles verschlingender Abgrund aufzutun scheint, erweist sich plötzlich als der alles tragende Grund, als der liebende Urgrund von allem – so zumindest hatte Lea es erlebt.

Und ganz tief dort unten, inmitten der Erde sowie in der Mitte seiner selbst, findet der Wanderer schließlich das alles erlösende Licht. Denn dort, im tiefsten Innern, liegt das höchste Licht verborgen, in einer in der physischen Welt noch eingefalteten anderen Dimension, seiner Befreiung harrend. Und einzig Licht, das von innen heraus erstrahlt, wirft keine Schatten mehr. Hat man dorthin gefunden, zu der inneren Sonne mit ihren kuhäugigen Herden des Lichts, sind Himmel und Erde, Geist und Materie, Jenseits und Diesseits nicht länger getrennt, sondern wieder eins, zur Ganzheit vereinigt: der wahren Wirklichkeit der Welt. Alles, was dabei „innen" geschieht, wird sofort von einem Ereignis im „Außen" begleitet, Geist augenblicklich in Materie umgesetzt und ebenso anders herum, das eine untrüglicher Spiegel des anderen: Geist und Materie als die beiden Enden ein und desselben Bewusstseinskontinuums. Und denjenigen, der die Finsternis des Unbewussten so mutig durchschritt, wie Einer, der zu Lebzeiten tot war und von dort zurückgekehrt ist, erwartet, hier und jetzt, eine neue Erde, ein neuer Himmel: die Neue Welt – frisch und strahlend wie am ersten Schöpfungstag, und, wie er selbst, leuchtend aus lebendigem Licht.

Nach Sri Aurobindo, der sich damit auf die Thesen aus dem Rig-Veda, eines weiteren der großen Heiligen Bücher des Hinduismus, stützt, gibt es innerhalb der Schöpfung sieben verschiedene Prinzipien oder Bewusstseinszustände: drei weltliche und drei göttliche sowie ein weiterer Zustand als Verbindungsglied. Bei den drei weltlichen Prinzipien handele es sich um Physis (oder Materie), Vital (oder Leben), Mental (oder Verstand), somit die drei Bewusstseinszustände, die innerhalb der irdischen Evolution bisher in Erscheinung getreten sind. Die drei göttlichen Prinzipien seien Sein, Bewusstsein und Glückseligkeit, auf Sanskrit Sat, Chit und Ananda genannt. Zu jeder dieser (subjektiven) Bewusstseinszustände gehöre eine eigene (objektive) Welt. Die drei irdischen und die drei göttlichen Bewusstseinsebenen oder Welten gehörten je einer Hemisphäre an, die sich zunächst als scheinbar unversöhnlich „weltlich" - „göttlich" gegenüberstünden. Aber es gäbe noch ein sie verbindendes Prinzip: die Bewusstseinsebene und Welt des so genannten Wahrheitsbewusstseins, im Rig-Veda auch „Sonnenwelt" oder „weites Land" genannt; Sri Aurobindo bezeichnete es als „das Supramental", weil es sich oberhalb der Stufe des Mentals befände.

Die Veden – denn der Rig-Veda ist nur einer von mehreren Veden, wobei „Veda" Wissen heißt – sind vor Tausenden von Jahren entstanden, verfasst von Sehern und Weisen, die man „Rishis" nannte. Sie haben im Rig-Veda damals schon, in einer für den Leser verschlüsselten Weise, das dezidiert dargelegt, was man in moderner Sprache „Evolution des Bewusstseins“ oder auch die „Reise und Heimkehr der Seele“ nennt. Und sind selbst den ganzen langen Weg vorausgegangen, als Urväter der Menschheit, durch ihre Erfahrungen beweisend, dass es möglich ist, von der irdischen zur göttlichen Welt zu gelangen, ohne die eine für die andere aufzugeben. Sie haben mit ihrer Etablierung des Wahrheitsbewusstseins, ihrer „Sonnenwelt“, den Bogen geschlagen zwischen den Hemisphären, die Brücke geschaffen, die sie „Mahas Pathah“ nannten: den „Großen Durchgang“ oder „Großen Pfad“. Bei Satprem, jenem französischen Autor, bei dem Lea erstmals auf „das Abenteuer des Bewusstseins“ stieß, hatte sie gelesen, dass dieser Durchgang inzwischen offenstehe. Zutritt erhalte jedoch nur der, der sich vollkommen dem Göttlichen anheimgebe. Ein solcher Mensch, der als Pilger des Lichts diesen Großen Durchgang durchschreite, vereine Himmel und Erde in sich, lebe - auf der Schwelle zwischen Sein und Werden - zugleich das göttliche wie das irdische Leben und erfahre bereits im Endlichen die Unendlichkeit.

Als Lea diese Einblicke niedergeschrieben hatte, kam ihr der Gedanke, ob nicht auf allen dieser sieben Ebenen, auch wenn diese zunächst noch so unterschiedlich erscheinen, in gewisser Weise dasselbe geschieht, wenn auch – aufgrund der verschiedenen Bedingungen, sich auszudrücken – auf jeder Ebene in anderen Symbolen, in einer anderen Sprache dargestellt. So könnte es doch sein, dass auf der höchsten

Bewusstseinsebene, der Ebene der Ideen und Urbilder, ein bestimmtes Ereignis stattfindet, das sich von dort aus wie die Wellen eines Steins, den man in die Mitte eines ruhigen Sees wirft, auf alle anderen Ebenen oder Welten überträgt, nur in seiner Intensität zunehmend abgeschwächt und daher in seiner ursprünglichen Bedeutung immer weniger erkennbar. Denn alles, was sich auf Erden ereignet, ist – als physischer Widerhall eines geistigen Geschehens - symbolisch, ein Gleichnis. Wenn aber, vom Grundsatz her, so überlegte Lea, auf allen Bewusstseinsebenen dasselbe Ereignis stattfände, müsste man doch eigentlich auf jeder dieser Ebenen dessen tiefere Bedeutung aufspüren können, sofern man nur über den Schlüssel zur Übersetzung der Ereignisse und Symbole verfügt. Und dieser Schlüssel, wurde Lea im selben Moment klar, ist nichts und niemand anderes als man selbst, zumindest ab dem Zeitpunkt, ab dem ein Mensch am Erwachen ist. Denn wie tief eröffnet sich doch die Welt, wenn man nur den rechten Schlüssel in den Händen hält: den leuchtenden Lotos im eigenen Herzen. Dann sieht man, dass alles, was auf Erden geschieht und der Mensch mit seinen materiellen Sinnen erfassen kann, noch einen geheimen, einen übergeordneten Sinn hat, letztlich einen göttlichen oder spirituellen.

Ein Symbol lässt sich jedoch unterschiedlich interpretieren und offenbart sich daher immer nur analog zur Größe oder Weite des Bewusstseins seines Betrachters: Je tiefer und umfassender ein Mensch sich selbst erkennt, umso tiefer und umfassender erkennt er die Welt, und je umfassender der Mensch die Welt begreift, desto mehr begreift er von Gott. Und wenn er zuletzt bis in die tiefste Tiefe und die höchste Höhe seines Bewusstseins vorgedrungen ist, erkennt er Gott in einem jeden Symbol, in jedem Bild, weil nichts anderes mehr seinen Blick trübt oder verstellt. Er sieht dann aber nicht nur Gott, sondern zugleich auch sein Selbst, denn es gibt nur ein Selbst in allen und allem und hinter allem nur göttliche Ursachen. Dann ist die Welt nicht länger Symbol, sondern in jeder Sekunde geoffenbarte Wahrheit. Ein Mensch, der diesen Universalschlüssel der Übersetzung in sich trägt, wäre damit befähigt, alle Erscheinungen, Bilder und Symbole in ihr göttliches Urbild, ihre ursprüngliche Idee, „zurückzuübersetzen“ und somit auf immer höheren Realitätsebenen zu erwachen und zu leben. Obendrein würde er, auf diese Weise, nach und nach, die untere Bewusstseinshemisphäre mit der oberen verbinden, zusammennähen wie mit großen Nadelstichen – dieses Bild hatte Lea doch auch schon mal irgendwo gesehen…? - und damit selbst zur „Brücke“ hinüber werden.

44

Mit ihrer Krankheit hatte Lea auch ihre Träume verloren. Nicht nur die fürs Leben, sondern auch die des ganz realen nächtlichen Traumgeschehens. Darunter litt sie sehr, denn sie war, so lange sie denken konnte, eine große Träumerin gewesen und fühlte sich seither wie um die nächtliche Hälfte ihres Lebens betrogen. So langsam aber, peu à peu, kehrten auch ihre Träume wieder zurück, mit ihrer ganzen früheren Kraft und Bilderfülle. In der letzten Nacht hatte Lea vom Himalaya geträumt. Sie war dort zu Gast bei einer tibetischen Familie, einem Ehepaar mit zwei erwachsenen Kindern, Tochter und Sohn. Diese wohnten in einem kleinen Haus, ganz oben auf einer Brücke, etwas am Rand, welche eine tiefe Schlucht mit einem tosenden Fluss überspannte und zwei majestätische Schneeberge miteinander verband. Von der Bauweise her ähnelte die Brücke am ehesten einem mächtigen steinernen Aquädukt. Das kleine Haus der tibetischen Familie hatte große Fenster und der Blick in die Tiefe hinab war so gigantisch und überwältigend, dass Lea nur eben ihren Fotoapparat mit weit ausgestreckten Armen zum offenen Fenster herauszuhalten wagte, um ein paar Momentaufnahmen von dort unten zu machen. Anschauen wollte sie sich diese dann später. Sie bekam von der freundlichen Tibeterin ein Zimmerchen zugewiesen, in dessen Bett sie sich legte und – während sie dort einschlief – hier wieder erwachte.

Zwei Tage später machte Lea sich übers Wochenende auf den Weg, erstmals eine ihrer langjährigen Freundinnen an deren neuen Wohnort zu besuchen, die in den Hunsrück zu ihrem neuen Lebenspartner gezogen war. Das Haus war nicht leicht zu finden, denn es lag außerhalb einer Ortschaft in einem Wäldchen versteckt, direkt, vielmehr etwas am Rande, unterhalb einer steinernen Brücke, einem ehemaligen Aquädukt, welches zwei sanfte Hügel miteinander verband. Daneben plätscherte ein kleiner Fluss. Als Lea das Haus entdeckte, drängte sich ihr zunächst nur die Empfindung auf, dass sie sich in diesem Haus, direkt unter der so übermächtigen Brücke, nicht wohl fühlen könne, so geduckt und bedrängt, wie es dort lag. Erst nach der Begrüßung, als man im Wohnzimmer mit seiner breiten Fensterfront saß, plauderte und die Aussicht genoss, kam Lea jäh ihr letzter Traum wieder in den Sinn, und sie stellte fest, dass sie sich nun, in der „Realität", genau dort „unten" in der Region befinden musste, die sie, auf der Ebene des Traums, von „oben" aus mit ihren Fotos abgelichtet hatte. Das also war mit den „Momentaufnahmen" gemeint, die sie sich erst „später" hatte ansehen wollen...! Und tatsächlich, alle Elemente des Traums fand sie in der äußeren Wirklichkeit wieder, nur von den gewaltigen Dimensionen des Himalayas in die wesentlich gemäßigtere Version des Hunsrücks übersetzt: die Brücke, die Berge, das Haus und der Fluss.

Als Lea, nach dem Mittagessen und bevor man gemeinsam zu einer Wanderung aufbrechen wollte, auch hier ein Gästezimmer zugewiesen bekam, um noch ein wenig zu ruhen, bemerkte sie, dass ihr Bewusstsein zu oszillieren begann. Das Bild des kleinen Hauses der tibetischen Familie im Himalaya erstand so real wieder vor ihrem inneren Auge, dass sie mit geschlossenen Augen und rein vom Empfinden her, nicht sagen konnte, ruhte sie gerade „dort“ oder „hier“. Zugleich drängte sich massiv das Gefühl auf, irgendwo „da oben“ schon immer zu existieren, in einer Sphäre weit außerhalb von Zeit und Raum, und sich selbst von dort aus „hier unten“ beim Leben zuzusehen, distanziert, gleichmütig und doch mit wohlwollendem, gütigem Blick. Sie war zugleich der unablässig wache, passiv alles beobachtende Zeuge sowie die aktiv Handelnde innerhalb von Zeit und Raum. Lea fiel dabei ein Zitat aus dem Rig-Veda ein, das von zwei Vögeln in einem Baum erzählt, von denen der eine von einer süßen Frucht nascht, der andere, sein Freund oder Bruder, einfach nur dabeisitzt und schaut – Zeit und Ewigkeit im Baum des Lebens miteinander vereint.

Nach Leas Rückkehr nach Hause blieb dieses Oszillieren ihres Bewusstseins bestehen, beschleunigte sich noch, und bald darauf gab es kein Hin- und Herwechseln zwischen zwei Arten der Wahrnehmung mehr, sondern beide waren gleichzeitig vorhanden und gleich intensiv präsent. Ein Teil von Lea, der unvergleichlich Größere, weste in jenem offenen weiten Raum der Stille und des Großen Schweigens, der andere Teil war auf die Dreidimensionalität fokussiert. Mit jenem „Ich“, aus dessen Blickwinkel sie nun über fünfzig Jahre lang die Welt und alles, was in dieser geschah, betrachtet hatte, konnte sie sich nicht länger identifizieren. Sie war auf einmal kein Subjekt mehr, sondern, beschleunigt durch ihr anhaltendes Forschen, sich selbst zum Objekt geworden, das sie nahezu ebenso frei und ungerührt erforschen und betrachten konnte wie jemand anderen. Ihr Kopf wurde unermesslich weit, leicht und licht, fühlte sich an wie ein mit Helium gefüllter hellblauer Luftballon, den man in einem ebenfalls mit Helium gefüllten hellblauen Raum schweben lässt: innen wie außen dieselbe Essenz, die Hülle oder Membran dazwischen unversehrt, mit der Möglichkeit, zwischen innen und außen, oben und unten hin und her zu wechseln, beides zugleich zu sein und ebenso keines von beidem – hilflose Versuche des Verstandes, Sachverhalte in Worte zu gießen, für die es (noch) keine Sprache gibt. Dann, plötzlich, löste Leas Kopf sich vollends auf und schmolz hinein in dieses so eigentümliche wasserblassblaue Licht mit seinem tiefen Frieden in Aquamarin.

Aber selbst dieser so dichte, geeinte Zustand wandelte sich in den darauffolgenden Tagen noch. Lea spürte, wie auch ihre Liebesfähigkeit weiter wuchs und in höhere Sphären stieg, wie jener Helium gefüllte Ballon, den man in seine leuchtende blaue Heimat aufsteigen lässt. Je glühender sie liebte, umso mehr fühlte sie sich geliebt, es gab keinen Augenblick, keinen Atemzug mehr, ohne die Anwesenheit ihres Geliebten zu spüren, Seine Präsenz. Irgendetwas in ihr duldete selbst die kleinste Trennung nicht mehr, war nicht mehr bereit, auch nur für den Bruchteil einer Sekunde noch von Ihm zu lassen. So lange und heftig hatte sie Ihn nun umworben, all ihr Sinnen und Trachten auf Ihn gerichtet, ihr ganzes Sein und Leben

Ihm zu Füßen gelegt, jetzt war sie ganz aufgegangen in dem Objekt ihrer Liebe. Hatte, durch die anhaltende Konzentration auf das Ewige, Göttliche, ihr Ich bis zur Null hin reduziert, dorthin, wo sie nun wieder eins war mit Ihm, und Er sich, zu ihrem erneuten Erstaunen, dabei vom Objekt der Liebe in ein Subjekt wandelte – in *das* Subjekt schlechthin. Ein unermessliches Selbst hält sich selbst als Liebende wie als Geliebter umfangen, zwei, die eins sind, in einer Süße, tiefer als Schmerz.

45

Der Mensch kann nur gemeinsam mit Gott erwachen und Gott nur zusammen mit dem Menschen. Das Individuum braucht das Transzendente, um sich selbst zu finden, die Transzendenz das Individuum, um sich in ihm und der Welt zu offenbaren und zu erfüllen. Diese Erfahrung war – seit Bamberg – die höchste Bewusstseinsspitze, die zu erklimmen Lea bisher widerfahren war. Allerdings begann auch dieser Zustand kurz danach wieder zu fluktuieren, denn Lea konnte die in jenem Moment erreichte Höhe und Intensität noch nicht dauerhaft in sich halten. Solche Erfahrungen sind viel zu groß und zu mächtig, um sie gleich beim ersten Mal vollständig im menschlichen Körper-Seele-Geist-System zu bewahren. Und Lea spürte, dass man obendrein aufpassen musste, dass das irdene Gefäß beim Ansturm einer solch transzendenten Macht nicht zerbricht. Daher wiederholen sich diese Erfahrungen wieder und wieder und so oft, bis der betreffende Mensch sie schließlich zur Gänze in sich umfasst, denn er wird mit jeder dieser Erfahrungen machtvoller, plastischer, stärker und dehnt sich jedes Mal ein Stückchen mehr in die Weite und nach oben ins Licht.

Und was sich auf den höheren Ebenen der Existenz ereignet, schlägt sich früher oder später – je nach Empfänglichkeit – auch auf den unteren nieder. Leas Fähigkeit, zwischen innen und außen, oben und unten hin und her zu wechseln, blieb. Ebenso die Wahrnehmung, sich selbst als Objekt anzusehen, welches sie weitgehend mit Gleichmut betrachtete. Sie fühlte sich nicht mehr als Mensch, der sich müht zu wachsen, sondern als Seele, hinter der unvorstellbar lange Zeiträume der Entwicklung liegen und vor ihr ein unablässiges, ewiges Werden – ihrer Unsterblichkeit nun gewiss.

Jede Veränderung des Bewusstseins, das hatte Lea bereits in den Tagen nach Bamberg erkannt, fängt somit mit einem Einzelereignis an, das sich nach und nach wiederholt, beständiger wird, dabei weiter ausgearbeitet werden muss, bis es schließlich, als neue Basis des Alltagsbewusstseins, jederzeit zur Verfügung steht. Erst dann kann man von einer Verwirklichung sprechen. Rückblickend fand Lea mit Erstaunen nochmals bestätigt, dass sie, trotz ihres Absturzes und ihrer Verirrungen, auf ihrem in jungen Erwachsenenjahren begonnenen Weg der Selbstentfaltung anscheinend doch ein gutes Stück vorangekommen war, denn vieles von dem, was sie derzeit erlebte, hatte sie so oder ähnlich auch damals in Ansätzen schon erfahren – nur leider ohne erwachte und die Geschehnisse ordnende Mitte. Durch ihre zunehmende Weltabgewandtheit war sie außerdem irgendwann nur noch von einem Gipfelerlebnis zum nächsten geeilt, vergessend, dass zwischen Gipfeln doch immer auch Täler liegen, wäre den Weg somit beinahe ohne Mutter Erde zu Ende gegangen, die sie inzwischen doch so liebte und von der sie wusste, sah und fühlte, dass sie das Antlitz des Göttlichen ist. Damit wäre sie beinahe derselben Methode gefolgt, die seit Jahrtausenden die meisten spirituellen Traditionen als einzige Wahrheit und Möglichkeit praktizierten und predigten: die Transzendenz, Gott, das Nirvana nur für sich selbst zu erlangen, um dem vermeintlichen Kreislauf der Wiedergeburten und einer Erde, die man als Jammertal verstand, auf immer zu entkommen, ins Große Schweigen mit seinem verlockenden Ewigen Frieden zu entfliehen - der Mensch und die Erde bleiben dabei jedoch unverwandelt.

Und außerdem: Wenn es für die Seele nach dem ganzen Aufwand, die gesamte Schöpfung bis hin zur Gestalt des Menschen zu durchlaufen, zum Schluss kein anderes Ende gäbe, als sich im Höchsten Licht mit seinem Großen Schweigen wieder aufzulösen und sein so mühsam errungenes und durchseeltes Wesen darin zu verlöschen, wozu dann die ganze Evolution, wozu das Jahrmillionen lange Bemühen der Erde und all ihrer Wesen? Die Bewegung der Evolution, auch das hatte Lea von Sri Aurobindo gelernt, verläuft in einer Spirale, die sich immer höher windet, und nicht in einem endlosen, sinnlosen Kreis. In einer Spirale, in der jede Erfahrung eines neuen Gipfels in die Niederungen des Alltäglichen herabgebracht werden muss, um sich dort zu festigen und zu gründen. Erst wenn die Basis gesichert ist, geht es wieder hinauf, jedes Mal ein Stückchen höher, daraufhin ein Stückchen tiefer hinunter als zuvor, bis alles durchlichtet und geläutert ist, das ganze Bewusstseinsgebäude felsenfest steht und Himmel und Erde miteinander verbindet - so wie jene Himmelsleiter im Traum Jakobs, auf der die Engel hinauf und hinunter schweben.

Diese alles umfangende Bewegung war das, was Sri Aurobindo die „Doppelbewegung des Bewusstseins“ nannte und auf der die ganze Höherentwicklung und Transformation des Menschen beruht. Und überhaupt, auch dies hatte Lea dank ihrer früheren Lektüre begriffen, kann es bei einem zeitgemäßen Verständnis von Spiritualität und Bewusstseinsevolution nicht mehr primär um den Menschen und seine Befreiung gehen, sondern um eine Vollendung der ganzen Erde, um die Offenbarung des Göttlichen *hier in dieser Welt*. Der Mensch kann dabei nur als Werkzeug fungieren, das sich – mehr oder weniger freiwillig - diesem Großen Werk zur Verfügung stellt. Arbeitet er freiwillig mit, wird die Evolution wahre Sprünge machen, andernfalls verläuft sie in Jahrhunderten, Jahrtausenden, zäh und träge wie bisher. Der alles vollendende Wandel drängte sich inzwischen jedoch schon mit sich steigernder Kraft in die Welt, das spürte Lea ganz genau. Er konnte sich daher entweder nur etwas früher oder später ereignen, aufzuhalten war er nicht mehr, so wie die Evolution sich bisher ja immer ihren Weg auf Erden bahnte und fand. Warum also noch weitere Jahrhunderte warten, warum die Neue Welt, das neue Bewusstsein nicht gleich jetzt und hier?!

Eine Wandlung des Bewusstseins jedoch, die im Alltag nicht verfügbar und anderen nicht vermittelbar ist, kann man nicht als Errungenschaft des Geistes bezeichnen, diese Lektion hatte Lea aus ihrer Katastrophe gelernt, sondern höchstens als eine mehr oder weniger spektakuläre, schnell wieder verpuffende Sensation. Somit galt es für Lea als nächstes, von ihrem bisher höchsten Gipfelerlebnis auf den inneren Ebenen ihres Wesens wieder in die äußere Persönlichkeit mit ihrem niedrigeren Bewusstsein zurückzukehren, um dieses nun sukzessive dem Höheren anzupassen, das Erreichte zu stabilisieren und schließlich noch ausströmen zu lassen in das Umfeld, in dem sie lebte. Denn kein Mensch lebt für sich allein, jedes Individuum ist Teil eines Kollektivs und diesem verpflichtet. Und nur so tief, wie ein Baum mit seinen Wurzeln im Erdreich gegründet ist, kann er mit seinen Ästen gen Himmel wachsen. Andernfalls fällt er – Baum wie Mensch – früher oder später um.

46

Ein riesiger reptilartiger Kopf, so groß, dass der Körper dahinter verschwindet, unsichtbar, nur zu erahnen. Wettlauf durch eine Geisterstadt, Menschen rennen und schreien. Finden Zuflucht in einem Haus, verlassen, alt und quadratisch, mit leeren Fenstern ohne Glas, Welt der Ruinen. Das Ungeheuer nähert sich, sein Kopf ist ebenso groß wie das Haus, durch dessen Fenster hindurchpassen kann es, Gott sei Dank, schon mal nicht. Erleichterung, aber noch keine Entwarnung. Denn das blutrote Maul, zähnefletschend grienend, lässt Feuerbrünste befürchten. Ein letzter Schritt noch des Ungeheuers auf das Haus zu, ein schon schleppender, schwerer, die Menschen starren vor Grauen. Da fällt das Ungetüm in sich zusammen, darnieder, von unsichtbarem Pfeil getroffen; seine Luft entweicht pfeifend – nur Luft, kein Atem. Denn Atem, Odem, hat es nicht, hat es nie gehabt. Kopf und Körper ohne Knorpel, ohne Knochen, ohne auch nur irgendetwas, das überdauern könnte, keine Substanz. Substanz entstammt immer einem göttlichen Ursprung, einen solchen hat dieses Ungetüm aber nicht. Nur ein winziger Fetzen grauer Haut liegt noch auf ebenso grauem Asphalt, schuppig, wie pergamenten, nun löst auch dieser sich noch auf und verschwindet. Und übrig bleibt von dem so gefährlichen Drachen: nichts. Alles nur illusorische Projektion, böser Schein, um sich gegenseitig gehörig zu erschrecken.

47

Seit gut einem Jahr ging Lea einmal im Monat zur Psychotherapie. Sie hatte am neuen Wohnort einen kompetenten Therapeuten gefunden, einen ruhigen, besonnenen Mann, in etwa so alt oder ein wenig älter als sie, mit tiefem Einfühlungsvermögen und der außerordentlichen Gabe, für Zustände oder Empfindungen, um deren Ausdruck sie selbst noch rang, genau die richtigen Worte zu finden. So hatte sie bald Vertrauen zu ihm gefasst und sich während der anfänglichen Sitzungen mit ihm gemeinsam noch dem einen oder anderen liegengebliebenen Bruchstück ihrer früheren Lebensgeschichte gewidmet, einzelnen versprengten Resten, verkohlten und unverdaulichen Schlacken ihres persönlichen Fegefeuers, die man nicht mehr weiter aufarbeiten, geschweige denn wandeln, nur noch gnädig für immer beerdigen konnte. Auch Leas Entwicklung seit Bamberg hatte ihr Therapeut mit Wohlwollen und aufrichtiger Freude begleitet. Auch in dieser Hinsicht hatte sie mit ihm Glück, da er offen war für Themen wie Spiritualität und Erwachen, selbst Meditation praktizierte, daher wohl seine Ruhe und Besonnenheit. Er war der Einzige, mit dem Lea über ihre inneren Erlebnisse sprach.

Auch heute Nachmittag war Lea bei ihm gewesen, wobei sich, am späteren Abend, schon zur Nacht hin, eine ganz besondere dieser Synchronizitäten ereignete, die Lea jedes Mal aufs Neue fassungslos machten

– fassungslos, weil es für sie immer wieder unfassbar war, auf welch wundersame Weise das Leben sich gestaltet. Solche Koinzidenzen ziehen einem auf einen Schlag den Boden der vermeintlichen Realität unter den Füßen weg, sodass man taumelnd ins Leere fällt und erst dadurch wieder zum Stehen kommt, indem man sich von ihnen verzaubern lässt und akzeptiert, dass das Leben nach ganz anderen Regeln verläuft, als man aus jenem Miniaturausschnitt heraus, den der Verstand zulässt, glaubt.

Es war gerade eine Zeit unbeschwerter, ungetrübter Spätsommertage, mit einer gleißenden schwirrenden Luft, die Welt lag da wie in einen Kristall gegossen. Tage, so lichtdurchflutet, rein und klar, als ob ein jeder von ihnen ein Sonntag wäre, sonnenhell wie der Pfad, den Lea seit dem In-Erscheinung-Treten ihrer Seele beschritt, und an den Weinstöcken hingen prall schon die Trauben. Lea hatte sich bereits in der Sitzung zuvor das Herz gefasst, ihrem Therapeuten von der in ihrem Leben immer mehr Raum einnehmenden Tätigkeit des Schreibens zu berichten. Es war das erste Mal, dass Lea sich damit jemandem offenbarte, und es kam ihr fast wie eine Beichte vor. Nicht weil es verboten gewesen wäre, was sie da tat, sondern weil noch ein letzter Rest des Gefühls, sich jeglichen Ausdrucks ihrer selbst schämen zu müssen, damit heraufbeschworen wurde, klebrige Fäden heimtückischer Spinnengewebe, die aus einem ganz tiefen Keller stammen und sich hartnäckig sträuben gegen jeglichen Versuch, sie ein für alle Mal abzustreifen. Daher war Lea am Nachmittag entsprechend aufgeregt, was ihr Therapeut – auch in Anbetracht ihrer doch pathologischen Vorgeschichte – von der bisher verschwiegenen Tätigkeit halten und ob er sie gutheißen würde. Von einem Selbstverständnis von ihr als Psychotikerin allerdings wollte er – obwohl Schulmediziner und Psychotherapeut - je besser er sie kennen lernte und ihren Weg begleitete, so gar nichts wissen. Jeder Mensch könne, so hatte er ihr mehr als einmal versichert, angesichts hochtraumatisierender Lebensumstände in eine Psychose geraten, und er halte sie, Lea, inzwischen für psychisch ausgesprochen stabil und gesund. So war sie auf seine Rückmeldung gespannt, hatte allerdings zuvor schon den Entschluss gefasst, dass sie, falls ihr Therapeut doch Bedenken bezüglich ihres Schreibens anmelden sollte, trotzdem weiterschreiben würde, notfalls eben gegen seinen Willen – Arzt und Therapeut hin oder her -, denn es war schlichtweg undenkbar, nicht zu schreiben. Ihr Therapeut hatte jedoch ausgesprochen positiv auf ihre Offenbarung reagiert, sie sogar ermutigt, damit fortzufahren, da das Schreiben doch eine Quelle der Freude für sie sei und sie offensichtlich auch ein Talent dafür habe. Somit hatte Lea den Mut, noch einen Schritt weiterzugehen und drei besonders gelungene Kapitel ihres Buches ausgewählt, um ihm diese heute als literarische Kostprobe zu servieren.

Lea war, bei dieser ersten „Lesung“, so aufgeregt, dass ihre Stimme während dieser dünn und dünner wurde, zusammenschrumpfte auf höchstens noch ein Viertel ihres sonstigen Volumens und sie sich bei fast jedem Satzanfang erst räuspern musste, um das, was sie da geschrieben hatte, aus der stummen, aber geborgenen Verschwiegenheit heraus in die Welt zu entlassen. Nach Beendigung ihres Vortrags schwieg ihr Therapeut für eine Weile, schaute sie nur sprachlos an, bevor er ihr Rückmeldung gab. Die Worte, die er sprach, waren wenige, dafür voller Gehalt und sanken Lea ganz tief in ihr Herz. Das einzige Problem, das er sähe, fügte ihr Therapeut schließlich noch an, sei, dass sie mit einem solchen Text unweigerlich rechnen müsse, bekannt zu werden, und ob das vorstellbar sei für sie, ja, ob sie überhaupt daran gedacht habe, ihren Text, sobald er fertig sei, als Buch zu veröffentlichen. Ja, das hatte sie wohl, denn für sie allein brauchte es ja keine solche Geschichte, sie selber kannte und wusste all das doch schon, aber letztlich, und unabhängig davon, schrieb sie ja nur aus dem einen Grund, weil sie eben schreiben musste, sie gar nicht anders konnte.

Leas Schreibstil hatte sich nochmals verändert in der letzten Zeit, war noch fließender geworden und rhythmischer, mit eindringlicheren Bildern, und Lea war bass erstaunt, welche Fähigkeiten bei einem Menschen wachsen können, allein dadurch, dass er sein Ich überwindet, fast so, als sei jedes Quantum des aufgegebenen Ichs allerfeinster Dünger für ganz neue Blumen, die daraus sprießen. Es war inzwischen sogar so weit gekommen, dass Lea das Schreiben gar nicht mehr als eigene Handlung empfand, denn die einzelnen Kapitel lagen irgendwo, weitgehend vorgefertigt, bereit. Wo genau, vermochte Lea nicht zu sagen, vielleicht in irgendwelchen Gehirnwindungen, in die doch schon ein wenig Licht hineinfiel, oder oberhalb davon, in irgendeinem Anderswo. Jedenfalls lagen sie da, wie für sie hinterlegt und warteten nur darauf, dass Lea sich ihrer annahm und sie mit hurtigen Fingern auf der Tastatur in den PC übertrug - sie hatte gar keine andere Wahl. Nachzuarbeiten gab es dabei zumeist nicht viel, mal die Umstellung der Worte innerhalb eines Satzes, damit er flüssiger klang, oder die Korrektur eines einzelnen Begriffes, wobei sie auch hier der inneren Weisung folgte, die sie darauf aufmerksam machte, in Kapitel so und so viel, in diesem oder jenem Satz, das „zuerst" doch besser gegen ein „zunächst" einzutauschen. Dadurch, dass Lea ja nur aufzuschreiben brauchte, entstand in ihr erst gar nicht das Empfinden, Urheber dieser Texte zu sein, sie fühlte sich eigentlich eher wie eine Sekretärin beim Diktat. Es war doch gut, dachte Lea diesbezüglich, wenn man Vorerfahrung damit hat, Stimmen zu hören, man musste eben nur lernen, die guten von den bösen zu unterscheiden und in höchstem Maße konzentriert bleiben auf die reine und einzige Quelle der Wahrheit. Lea sah in Hinblick auf das emsige Schreiben keinerlei Gefahr mehr zu erkranken, denn eine Psychose ist ja Erleuchtung *ohne* ordnende Mitte, und die hatte sie doch jetzt. Am Ende ihrer heutigen Sitzung teilte Lea ihrem Therapeuten dann noch mit, dass sie bisher schon 50 DIN-A-4-Seiten geschrieben habe und sich damit, ihrer Einschätzung nach, ungefähr in der Hälfte ihres Buches befände.

Danach war Lea bestärkt und sehr glücklich nachhause gegangen. Am späten Abend las sie noch ein paar Kapitel in einem Buch, das ihre Schwester ihr ausgeliehen hatte. Lea las in der Regel jeden Abend ein wenig, eine halbe bis dreiviertel Stunde, dies gehörte zu ihrem Einschlafritual. Bei dem aktuellen Lesestoff handelte es sich um ein Buch des Schriftstellers Hanns-Josef Ortheil, um dessen Autobiographie. Der Autor war als Kind stumm, weil eine tiefe Traumatisierung seiner Mutter, mit der er wie in einer Symbiose lebte, auch ihm die Sprache verschlagen hatte. Das Buch erzählte, wie dieser kleine Junge, der in den fünfziger Jahren des letzten Jahrhunderts aufgewachsen war und wegen seiner Stummheit überall nur als gestört angesehen wurde und Hass und Häme erntete, zurück zu seiner Sprache und hinein ins eigene und ein sich erfüllendes Leben fand – eine zutiefst bewegende Geschichte. An der Stelle, an der Lea heute Abend nun weiterlas, hatte auch der Autor schon seit geraumer Zeit verstärkt zu schreiben begonnen, obwohl er ursprünglich eine Karriere als Pianist angestrebt hatte. Aber dieser Traum zerplatzte wegen einer schweren Erkrankung an seiner Hand, sodass er nicht mehr Klavierspielen durfte und konnte. Und genau an der Textstelle, an der es in dem Buch jetzt weiterging, begriff der Protagonist im Gespräch mit einem väterlichen Freund, einem Mentor, dass es sein Schicksal war, zu schreiben, erkannte in der Schriftstellerei seinen neuen Beruf, ja mehr noch, seine Berufung, und äußerte dem Freund gegenüber, ein wenig stolz, dass er bisher schon 50(!)Seiten geschrieben habe.

Lea zog, als sie dies las, die Luft tief und scharf ein, um sie gleich darauf anzuhalten, ihr wurde leicht schwindelig, was aber nicht am stockenden Atem lag, sondern weil sie just in dem Moment begriff, dass genau dasselbe auch auf sie zutraf. So lange sie zurückdenken konnte, hatte sie mit Begeisterung geschrieben: die kleinen Aufsätze früher in der Schule, nach dem Motto „Mein schönster Tag“, Gedichte für ihre Mutter zu Weihnachten und zum Muttertag, selbst erdachte Märchen und Geschichten, später Essays und ihr erstes Buch. Unzählige Kladden hatte sie mit ihren Erfahrungen, Träumen und Erkenntnissen gefüllt, genau wie Ortheil das auch von sich berichtete, und dazu noch von nahezu jedem Sachbuch, das ihr in die Finger kam, ein umfangreiches Exzerpt verfasst. Sie hatte sich nie gefragt, wozu und warum.

Lea legte ihre Abendlektüre zur Seite, nahm einen tiefen hungrigen Atemzug, als sei er der erste Atemzug eines neuen Lebens, stand auf und ging ruhigen Schrittes hinaus zu dem großen Spiegel in ihrem Flur. Und in den wenigen Sekunden, die es brauchte, dorthin zu gelangen, kam, in einem einzigen jähen Moment, die große Erkenntnis: Ja, jetzt war es also so weit, dem Höchsten, dem Liebsten, dem Allmächtigen bis in die letzte Konsequenz hinein zu vertrauen und zu folgen, nicht nur in Worten wie bisher, sondern mit bekennenden Taten, unwiderruflich und mit ihrem ganzen Vertrauen. Die allerletzten Sicherungen noch aufzugeben, den Sprung zu wagen in ein ungesichertes Leben, in der Hoffnung, dass Er sie hält. Sich nun endgültig in die weit geöffneten Arme hineinzustürzen, die der Große Schöpfer all seinen Geschöpfen seit Äonen doch schon entgegenstreckt, seit Anbeginn von Raum und Zeit, seit dem allerersten bis hin zum Jüngsten Tag, um sie aufzunehmen in seine allumfassende Liebe und seinen Frieden in Aquamarin. Zu leben wie die Vögel auf dem Felde, die nicht säen und nicht ernten, und ihr himmlischer Vater ernährt sie doch, sich neu erschaffen zu lassen gemäß dem, was ihre ureigenste Wahrheit war.

In diesem Moment des Erkennens, alle Erkenntnisse wie in einem Zeitraffer zusammengefasst, wurde Lea auch klar, weshalb sie vor einigen Monaten, zeitgleich mit dem Beginn ihres Schreibens, dieses schöne dunkelblaue Fahrrad geschenkt bekommen hatte, welches ausgerechnet „Pegasus“ hieß. „Pegasus“, dieses fliegende Pferd, war nämlich das Leitsymbol ihrer Geschichte und sie konnte es auf verschiedenen Realitätsebenen leben, weil doch eine jede Grundsituation all ihre Möglichkeiten in sich enthält, ein jegliches gleichnishaftes Bild allerdings auf jeder Realitätsebene anders umgesetzt. Lea konnte das Symbol des „Pegasus“ leben, indem sie mit Begeisterung und Tag für Tag auf ihrem Stahlross ritt, für welches das Symbol in diesem Falle einfach nur den Namen gab. Sie konnte sich aber auch von Pegasus als Musenross der Dichter beflügeln lassen und sich ganz dem Schreiben widmen. Und dann gab es da ja auch noch die Bedeutung von Pegasus als Sternbild am nördlichen Himmel, aber dieses ist erst im Herbst richtig gut sichtbar, weshalb man es auch das „Herbstviereck“ nennt, und noch war es Sommer. Es lag jetzt allein an Lea, welche Ebene sie wählte…

Beim Stichwort „Himmel“, und angesichts all dieser Bedeutungsfülle und Erkenntnisse, kam Lea unvermittelt das Märchen von „Frau Holle“ in den Sinn, und sie stellte fest, dass sie, ohne es bisher in dieser Klarheit bemerkt zu haben, vom Zustand einer Pechmarie in den der Goldmarie übergegangen war. Denn war nicht auch sie in den tiefen Brunnen des Unbewussten hinabgestiegen, vielmehr: gefallen, um – dort „unten“ - das Brot aus dem Ofen zu schieben, die schon fast überreifen Äpfel vom Baum zu pflücken, fein säuberlich auf einen Haufen zu legen und drei davon jeweils in ein Körbchen und Frau Holles Kissen kräftig aufzuschütteln? Und waren nicht auch beim Kissenschütteln in dem kleinen Hotel dort draußen, dort unten, im Winter, dick die Schneeflocken zur Erde gefallen? Jetzt aber, nach alledem, fühlte Lea sich ebenso reich beschenkt wie das Mädchen in dem Märchen, mit einem unerschöpflichen Überfluss: goldenem Regen. Und ist nicht derjenige, kam ihr noch in den Sinn, der einem vermeintlich das tiefste Glück im Leben verwehrt, kein anderer, weder anderer Mensch noch Schicksal noch Gott, sondern immer und stets nur man selbst, weil man eben doch nicht an seine Träume glaubt oder zu ängstlich und zu feige ist, mit einem großen beherzten Schritt von der Ebene des Mangels zu der der Fülle und höchsten Erfüllung überzugehen?

Im Flur stellt Lea sich jetzt vor den großen runden Spiegel hin und spricht mit fester Stimme: „Ich bin Schriftstellerin.“ Ein Satz, so eindeutig, bestimmt und klar, wie aus einem Marmorblock herausgemeißelt: Leas neue Gestalt ist frei gelegt – ihre wahre. Kein zögerliches „Könnte es nicht sein, dass…?“, kein erflehendes „Es wäre doch so schön, wenn…!“, nein, nur dieses eine und unumstößliche „Ich bin…!“ Und Lea erahnt, dass von diesem Augenblick an, da sie ja jetzt bis in die letzte Konsequenz hinein Sein Geschöpf, Sein Kind ist – behütet, geliebt und errettet – alles in ihrem Leben so sein wird, wie von Ihm, dem Göttlichen, für sie erträumt.

Lea spricht diesen Satz nur ein einziges Mal, da prescht auch schon die Zukunft heran: weißes Pferd mit weißen Flügeln auf dunkelblauem Grund, nur jetzt – oh Wunder – von den funkelnden Sternen des Himmels durchwoben.

TEIL 2

1

Leas Mutter ist gestürzt, es folgte ein längerer Krankenhausaufenthalt. Seither ist sie bettlägerig, pflegebedürftig rund um die Uhr, kann weder stehen noch sitzen, geschweige denn laufen, liegt nur noch den ganzen Tag, weitgehend apathisch. Der Sturz ereignete sich ausgerechnet in jenen Tagen, in denen Leas Seele in Erscheinung trat. Die alte Mutter, mit ihren fast 90 Jahren ebenso müde vom Leben wie ängstlich vorm Sterben, bewohnt seither ein Zimmer in einem Pflegeheim, wo Lea und ihre Schwester sie, wenn möglich, täglich besuchen. Für die beiden Schwestern steht die Aufgabe an, die Wohnung der Mutter aufzulösen. Es fällt ihnen nicht leicht, in der Wohnung der noch lebenden Mutter zu wühlen, das meiste zu entsorgen, auch wenn deren Leben sich, deutlich erkennbar, dem Ende zu neigt. Und was hat die Mutter nicht alles aufgehoben! Sämtliche Schubladen in der Wohnung, und die Wohnung ist groß, sind mit unzähligen Zeitungsausschnitten von anno dazumal gefüllt, mit lose herumfliegenden Fotos, vergilbten Rezepten für opulente Festmahle, die die Mutter dann doch nie kochte, Werbung aus einer Illustrierten von 1972 für ein WMF-Besteck, mindestens zwanzig verschiedene Anleitungen, Servietten zu falten, Schulzeugnisse ihres Großvaters sowie Unmengen Nippes.

Ein Foto in einer Klappkarte, auf deren Vorderseite „Mit schönen Grüßen von Ihrer Polizei“ steht, einer Werbekampagne von irgendwann, erschüttert die Schwestern: Die Mutter, vielleicht gerade einmal Mitte vierzig, in einem weiß-grau gestreiften Häftlingsanzug, auf dem Kopf ein ebenso gestreiftes Käppchen, mit eisernen Ketten an eine Wand gefesselt, darüber ein vergittertes Fenster, in den Händen ein Krug mit Wasser und ein Stück trockenes Brot. Lea und ihre Schwester sind so betroffen, dass heftiges Weinen sie übermannt, es schmilzt ihnen vor Entsetzen und Trauer das Herz, denn genau so, wie das gestellte Foto es zeigt, war wohl das Leben ihrer Mutter: ein lebenslänglich in sich gefangener Mensch, inmitten von Wohlstand nahezu seelisch verhungert, weil ihr das Wichtigste, was das Leben ausmacht, fehlte: Glaube, Liebe und Hoffnung. Die Liebe aber ist, wie es das Hohelied der Liebe aus der Bibel besingt, von diesen Dreien das Höchste, das spürt inzwischen auch Lea, und das mit jeder einzelnen Faser ihres Leibes. Denn jetzt, wo die Mutter hilflos ist, gebrechlich, die letzte Kontrolle abgeben muss, fließt Leas Liebe, lodert - sich verschenken zu dürfen, ohne postwendend dafür ein paar Euro in die Hand gedrückt zu bekommen. Die Scham überflutet sie, das auf solche Weise erhaltene Geld früher überhaupt angenommen zu haben, wenn auch stets nur nach einigem Wehren und weil die Mutter ansonsten keine Ruhe gab. „Bußgeld“ haben Lea und ihre Schwester es bitter genannt. Und Lea weint und weint wegen früher und all ihren Fehlern, und weil ihre Mutter jetzt, in diesen letzten kostbaren Abschiedswochen und -tagen, auch immer mehr zur Liebe und einer früher nie gekannten Milde hinfindet.

Dieses aber, dass die Liebe das Wichtigste auf Erden ist, das Einzige, was am Ende eines Lebens zählt, denn ohne Liebe ist alles nichts, ist Leas Quintessenz ihres eigenen Lebens. Wie dankbar ist sie, dass sie dies lernen durfte. Das mächtige Herz nämlich, das vor noch gar nicht langer Zeit zu schlagen begonnen hat oder dessen gewaltiges Pochen Lea vielmehr nun endlich hört, ist das der Liebe – denn Liebe ist das Herz der Welt, sie pocht unermüdlich, inmitten einer Lotosblüte, tief drinnen im menschlichen Herzen. Und Gott zu lieben, auch das hat Lea inzwischen begriffen, gelingt besonders gut, indem man auch die Menschen liebt, die Menschen, das Leben, die Erde. So hat Lea also tatsächlich die Sprache des Neuen gefunden, es ist: DIE LIEBE! Sie ist die Eintrittskarte ins Gelobte Land und die einzige Sprache, die alle verstehen, weil sie alle Wesen und Menschen eint und verbindet. Auch ihre Therapie hat Lea beendet, aus dem gleichen Grund, zum Abschied nur gesagt: „Ich liebe jetzt!“, und ihr Therapeut verstand sie sofort.

Als Kinder schon hatten Lea und ihre Schwester sich immer wieder geschworen: „Wenn wir mal groß sind, machen wir es anders!“, es war das Credo ihrer Kindheit und Jugend. Und sie haben es anders gemacht, anders machen dürfen, haben den Eltern – und keineswegs nur als negative Vorbilder – viel zu verdanken. Ihre Mutter, und auch ihr Vater, der vor über 20 Jahren schon und viel zu früh an seinem Alkoholismus verstarb, als ein an Geist und Körper zerstörtes Wesen, hatten hingegen wohl nie eine Chance. Auch das tut Lea jetzt so furchtbar leid, sie weint und weint und noch mehr zerfließt ihr wundes Herz, es fühlt sich an, wie wenn Gletscher schmelzen. Ihre Mutter und ihr Vater waren wohl beide Prototypen jenes Menschen, dem die Mitte fehlt und dem daher nicht die Gnade widerfährt, zu Lebzeiten schon Zugang zu seiner Seele zu finden. Und wie hätten sie denn auch? Es war ihnen als traumatisierte Kriegsgeneration ja gar nicht vergönnt, Vertrauen in die Welt oder gar Urvertrauen ins Leben zu entwickeln, jenes Fundament, das man für Glaube, Liebe und Hoffnung aber braucht. Ein Mensch, der seine ganze Identität um ein in Wirklichkeit nie vorhandenes Ich aufbaut – und das gilt für lange Zeit für jeden -, ist wie ein allzu fragiles Kartenhaus: Der leiseste Windhauch von etwas Größerem, Höherem birgt die Bedrohung, dass all dies lose Aufgetürmte hoffnungslos in sich zusammenfällt, ein winziger Sonnenstrahl die Gefahr, das Eis des Herzens zu schmelzen und die unverarbeitet klaffenden Wunden darunter aufzudecken – kein Wunder, dass Leas Mutter unter solcher Angst vor der Sonne litt.

Die beiden Schwestern sprechen viel, betrachten gemeinsam ihr Leben, bei der Schwester sitzen manche Verletzungen noch tief. So, wie die Mutter sich selbst nie erkannte, wurde auch sie nie erkannt als die, die sie ist. Dabei ist Leas Schwester ein solch lebensweiser und gereifter Mensch, einer der wundervollsten Menschen, die Lea kennt, obendrein eine wahrlich inspirierte Künstlerin. Sie malt beeindruckende Bilder, in denen sie, mit magischen, fast transzendenten Farben und Mustern das ganze Universum einzufangen weiß: filigrane Mandalas – Archetypen des Selbst. Es gibt nichts Höheres, was man abbilden könnte. Die beiden Schwestern gedenken der unglückseligen Ehe der Eltern, die nur geschlossen wurde, weil die Mutter mit Leas zwei Jahre älteren Schwester schwanger war, noch immer fühlt diese sich ein wenig schuldig. Aber, selbst wenn die Zusammenkunft der Eltern nur deswegen zustande kam, um Leas Schwester das Leben zu schenken, so ist das für Lea doch das größte Geschenk, es heilt alle Wunden, macht alles gut, allein dafür wird Lea ihren Eltern für immer dankbar sein.

Und außerdem, wenn man irgendwann nur versteht, wofür eine Erfahrung notwendig war, heilt jede noch so tiefe Wunde. Denn es gibt jemanden, ganz tief im Herzen des Menschen, der lässt alle Verletzungen zu, weil sie offensichtlich unumgänglich sind, um zu sich selbst, seinem Selbst und seiner Seele zu finden. Und es reicht doch vollkommen, wenn man selber weiß, wer man ist. Am Ende zählt nur das Ergebnis eines Lebens, seine Quintessenz: das Ausmaß an verwirklichter Liebe, und nicht der Weg dorthin, einen Weg hat es – vielleicht – nie gegeben... Die beiden

Schwestern nehmen sich vor, das, was *sie* finden durften im Leben, ihren Teil der Wahrheit, ihr Stück vom Paradies und all ihre Liebe, zu vermitteln in Büchern und Bildern, an jeden, der daran teilhaben will, auf dass auch dieser das Paradies für sich findet und es weiterreicht in einem sich unaufhörlich steigernden Schneeballsystem; nur dass man keine kalten Schneebälle verschenkt, sondern lauter kleine warme Sonnen.

2

Lea und ihre Schwester gehen jeden Tag zur Mutter ins Heim und in deren nun leerstehende Wohnung, wo sie kramen und kramen in altem Kram, sie finden, neben all den Zetteln und dem Krimskrams, alte Kerzen, haufenweise. Kerzen in allen nur erdenklichen Größen und Farben, nach dem ersten Anzünden gleich wieder ausgeblasen; sie seien doch viel zu schön und zu schade zum Brennen, sagte die Mutter damals immer. Jetzt liegen sie hier in den Schubladen herum, seit 20, 30, 40 Jahren, zuhauf übereinander, Farbe und Verzierungen abgeblättert, die dünnen schwarzen Dochte abgebrochen, zu kurz, um jemals wieder zu brennen – traurige Kerzen ohne Feuer. Aber die Bestimmung einer Kerze ist nun einmal zu brennen, sich selbst in dem wärmenden Licht, das man schenkt, zu verzehren – welch glückliches, welch erfülltes Leben! Und irgendwie erinnert auch dieses Bild Lea an das unglückliche Leben ihrer Mutter, das einstmals so frohe helle Licht im scharfen Wind allzu großen Sorgenkummers beinahe erloschen, und sie muss wieder weinen und weinen vor Liebe, Trauer und Gram.

Lea und ihre Mutter sprechen, wenn Lea bei ihr ist, über Sünden und über das Sterben, denn die Mutter merkt wohl, dass die Zeit drängt. Und Lea kommt dabei die Idee, dass man bei einer Kerze mit zu kurzem Docht das Wachs um diesen herum doch ganz sanft und behutsam mit der Flamme einer anderen Kerze schmelzen könnte, sodass der Docht frei gelegt wird und noch einmal richtig Feuer fangen kann; nicht schlimm, wenn es dabei ein wenig rußt. Und so erzählt Lea der Mutter alles, was sie selbst vom Leben lernen durfte, und dass es, was die Sünden betrifft, doch Einen gab, der sie alle auf sich nahm, vor über zweitausend Jahren, und es von daher eigentlich keine Sünden mehr gibt, sondern nur krumme und manchmal auch sehr verworrene und verwirrende Wege zur Wahrheit. Und dass Sterben einfach loslassen sei, hinein in die Arme Gottes zu gleiten, wie ein Ankommen in der Heimat, nach der man sich lange, so lange schon sehnte und von der man doch niemals getrennt war,- was man aber erst dann begreift, wenn man die Tore des Bewusstseins nach innen statt nach außen öffnet. Um dort, in Gott, ein Weilchen zu verschnaufen, vielleicht auch länger auszuruhen, jenseits von Zeit und Raum, frische Kräfte zu sammeln und sich erneut als der ewig Eine auf den Großen Pfad zu begeben: zu welchen Zeiten, in welchem Leben, als welche Vordergrundpersönlichkeit dann auch immer.

Die Mutter lauscht, entspannt sich zusehends und sagt nach fast jedem Satz von Lea: „Ach, das hast du schön gesagt, Liebes!“ Und Lea weint und weint und ist sich sicher: Wenn nur die Flamme auch bei der Mutter wieder brennt, wird diese sie zu sich geleiten, zu sich, ihrer Seele, dem Selbst. Und wenn vielleicht auch nicht mehr in diesem Leben – aber, wer weiß? – so doch ganz gewiss im nächsten.

Und Lea schaut weit hinaus und hinüber über den Saum der Zeit, ihr Blick durchmisst Äonen: Himmelsboote gleiten über Abendwolken, Engel säen Sterne aus. – Ja, was ist *ein* Leben angesichts der Ewigkeit?

3

Wenn Lea zurückblickt auf alles, was sie selbst erlebt und durchlitten hat, bis sie sich nun endlich an der Schwelle des Neuen befindet, befürchtet sie, andere könnten glattweg den Mut verlieren und von Anfang an davor zurückschrecken, sich überhaupt auf den Weg dorthin zu begeben. Denn der Weg ins Neue, in das neue Bewusstsein ebenso wie in das verheißene Land am Ende der Zeiten, erscheint so lang, so gefährlich, so schwierig! Dabei braucht es jedoch, zumindest nach Leas Erfahrung, nur eines: Gott zu folgen und aus ganzem Herzen zu lieben. Auch der Gott Krishna teilt, wie in der Bhagavadgita beschrieben, seinem Krieger Arjuna, diesem Sinnbild eines Pioniers der zu Gott strebenden Seelen, inmitten der Schlacht gegen die finsteren Mächte mit: „Nimm deine Zuflucht allein zu mir!“, und offenbart damit Sein höchstes Geheimnis, das tiefste Geheimnis des Lebens. Mehr als Glaube, Hingabe, Liebe braucht es nicht, um Menschen zutiefst zu wandeln und zu befähigen für diesen letzten großen evolutionären Schritt. An dieser Stelle wird Lea noch klar, dass es auch nur *eine* Art von Schlacht auf Erden geben darf, nur *einen* legitimen „Heiligen Krieg“: den Kampf gegen sich selber, den jeder für sich alleine ausfechten muss, gegen die eigenen niederen Mächte mit all ihren Dämonen und Monstern. Und dass ein jeder Krieg „da draußen“ nur die Summe und die bittere hinausprojizierte Konsequenz all dieser nicht ausgefochtenen inneren Kriege ist, für die ein jeder seinen Teil der Verantwortung mitträgt.

Lea spürt das neue Land, den neuen Zustand wie ein alles miteinander verbindendes und durchtränkendes Fluidum, in dem Wesen die Wesenhaftigkeit von allem erkennt, dabei ist dieser Zustand weder flüssig, noch fest, noch gasförmig. Das Neue besteht aus einem einzigen und einzigartigen Gewebe, ist revolutionär neu, weil es alles verwandelt, was mit ihm in Berührung kommt, gewoben aus Wonne und Wahrheit als Kette und Schuss. Seine Kraft aber ist die der

Liebe. Stoff und Wesen der Dinge, Geist und Materie, sind darin eins, in höchster Webkunst obendrein von klarem Licht wie mit strahlenden Fäden durchzogen - hell rot-golden. Das Land, aus dem dieser Stoff stammt, war bisher in einer noch unbekannten Dimension verborgen, im für alle sichtbaren physischen Äußeren, tief drinnen in der Materie wie in den Falten eines alten, müden Gesichts – ist es nicht das von Mutter Erde? Jetzt aber tritt das Neue hervor, seine Entfaltung ist nicht mehr aufzuhalten. Sein Sieg ist gewiss.

Lea weiß jetzt übrigens auch, wer ihre wirklichen Eltern sind: Der Himmel ist ihr Vater, die Erde ihre Mutter, wieso erkennt sie das erst jetzt?! Dabei hat Leas Heimweh nach den Sternen und dem Weltall schon lange aufgehört, denn sie weiß und spürt doch jetzt wieder: die Sterne, der ganze Kosmos, ja, selbst die Unendlichkeit befinden sich in Wirklichkeit nicht nur irgendwo da draußen, sondern auch in ihr. Ansonsten ist sie zurzeit hoffnungslos in die Erde verliebt – ein Gefühl, das sie früher so nie kannte -, denn wie beglückend und lieblich ist doch die warmherzige, goldbeschienene, lebendige Erde, jeder Tag auf ihr ein Freudenfest; dabei ist sie so zart, so schön, so zerbrechlich, dass der Mensch, dem die Gnade des irdischen Lebens widerfährt, niemals aufhören darf, sie zu behüten, zu lieben und zu verehren.

Und noch etwas hat Lea inzwischen herausgefunden, nämlich dass das Neue in höchstem Maße ansteckend ist. Leuchtet irgendwo auf der Welt auch nur der kleinste Funke davon auf, leuchten überall auf der Welt kleine Funken auf, Funken aus *einem* Feuer. Das Neue ist vollständig aus diesem Licht des inneren Feuers gewoben: ein-Sein-ein-Geist-eine-Materie. Und es reicht vollkommen, auch das wird Lea jetzt klar, wenn ein paar Pionieren der Weg hinüber in dieses neue Bewusstsein gelingt. Denn der Durchgang dorthin wird mit jedem, der es schafft, etwas breiter und damit leichter zu gehen für all jene, die folgen.

Auch wenn der neue Zustand zurzeit den meisten noch unbekannt ist oder unerreichbar erscheint, so ist er doch seit Urzeiten schon im Menschen angelegt, als dessen höchstes Ziel, als seine Erfüllung ebenso wie die der Erde, der krönende Abschluss der derzeitigen irdischen Evolution und damit, zumindest nach Leas Überzeugung, der größtmögliche Sinn menschlicher Existenz auf Erden. Damit hat Lea sich nun endgültig mit dem Leben auf Erden ausgesöhnt. Der Weg aber dorthin, so Leas aktuelle Erfahrung, ist ebenso geheimnisvoll wie überraschend, wie eine Reise, bei der man gerade nur eben den jeweils nächsten Schritt erahnt, alles andere bleibt noch im Verborgenen. Wie viel Vertrauens bedarf es, den Weg dennoch zu beschreiten?! Die Momente aber, in denen das Neue aufflammt, hier und dort, mit unzähligen, kaum sichtbaren kleinen Winken, lassen Lea an lichtdurchflutete Juwelen denken, und sie hat das Gefühl, als tropften diese von dem neuen Land hier herüber, wie ein unablässiger Regen, der innere Reichtümer und Segen bringt. Seine Schätze häufen sich in Leas Herzen, und mit jeder Kostbarkeit mehr, die sie sammelt wie Diamanten und Perlen, wandelt sich auch ihr Blick, und der Schleier, der bisher noch darüber lag, wird dünner und dünner.

4

Wenn Lea wandern geht, draußen im Wald, in der Stille, ist sie jetzt wieder eins mit dem Kosmos, spürt, wie Sein und Nicht-Sein ineinander übergehen, wie zwei Realitäten, die sich überlappen, oder wie zwei Hände, die sich ineinander verschränken zu einem großen Gebet. Und sie schaut, immer häufiger jetzt wieder, wie ganz zu Anfang des Jahres – damals auf der Rückfahrt von Bamberg – von einer unbegrenzten Peripherie aus nach innen, und von innen nach außen, ist der Mittelpunkt von allem, ist die Weite und gleichzeitig nicht vorhanden, wobei dieses Nicht-Vorhandensein mit einer ungeheuren Erleichterung verbunden ist, so als sei dieses vermeintliche Nicht-Sein in Wirklichkeit das einzig wahre Sein.

Die neue Welt und ihre Bilder geben durch dieses Ineinander-Verschränktsein ihre Bedeutung preis. Dabei kann ein jedes Ereignis, so Leas Erfahrung, und sei es noch so nichtig, noch so klein, der Auslöser sein, der einem Erkenntnis schenkt, der Schlüssel zu einer kleinen und weiteren Erleuchtung. Dieser Weg hinüber verwendet nämlich ausnahmslos alles: Glück und Leid, Erfolg ebenso wie Versagen, Wahrheiten und Irrtümer, kurzum, das ganze Leben, das *volle.* Unzählige kleine Wunder sprießen als verstreute Hinweise am Wegesrand, unauffällig, fast noch versteckt, manch anderer ginge achtlos vorüber. Lea aber entdeckt viele dieser zarten Blumen am Rande der Straße ihres Lebens, nach außen hin so unscheinbar, doch mit der inneren Macht, Felsen zu sprengen. Und sie bückt sich, kniet andächtig nieder, pflückt die eine oder andere von ihnen, aber nie mehr als sie tragen kann, und auch nur die voll erblühten, denn nur die sind Leas aktuellem Entwicklungsstand angemessen. Sie wird aus diesen zartblauen Wegwarten und den anderen Blumen, die sie noch findet, einen schönen neuen Strauß binden, denn der erste, den sie band – dieser erste Band – ist ja nun schon fast fertig.

Leas Wahrnehmungen fügen sich nicht mehr in alte Strukturen, in vorgefertigte Schablonen, sondern ordnen sich, zunächst scheinbar zusammenhanglos, nach einem neuen Prinzip: dem der Resonanz - auch diese ein wesentliches Merkmal der Sprache des Neuen. Sobald eine Frage sich in Lea regt, taucht unvermittelt von irgendwoher die Antwort auf, meist sogar von mehreren Seiten, die Welt antwortet ihr, das ganz alltägliche Leben. Gibt ihr konkreten Anschauungsunterricht mit von überall her zusammengeklaubten Methoden, Motiven, Mitteln: Mal liegt die Antwort in einem Satz, den Lea auf der Straße, im Vorübergehen, von einem Passanten aufschnappt, mal in einem Buch, das ihr zufällig in die Hände fällt, ein anderes Mal enthält eine Schlagzeile der Zeitung den gerade notwendigen Impuls oder sonst ein ganz banales Geschehen.

An einem Tag, zum Beispiel, ist es so, dass Lea – beschwingt, fast beschwipst von all den Offenbarungen, den Erleuchtungen – recht übermütig wird. Ihre Wahrnehmungen gleiten in Fantasien über, die sie schon in ein Nirgendwo hinweg zu reißen drohen. Im selben Moment fährt auf der Straße, auf der sie gerade geht, ein Auto an ihr vorbei, in dem ein Kind sich weit aus dem Seitenfenster lehnt, mitten im Fahren, und Lea denkt nur erschrocken: Hoffentlich geht das gut! Da merkt sie, dass dies ein Selbstgespräch war, das Geschehen und ihr Ausruf ihr selber gelten, sie hinweisen auf die Gefahr ihres Übermutes und Übermaßes, man sagt dazu ja auch, jemand „lehne sich zu weit aus dem Fenster“. Daraufhin pfeift sie sich schleunigst wieder zurück, hat diesen kleinen Wink verstanden, diszipliniert und beruhigt sich und paddelt, wie mit einem Boot auf zu stürmischer See, schnell ein paar Bootslängen in sicherere Gefilde zurück. Denn das Neue und seine Phänomene haben nichts mit irgendwelchen Fantastereien zu tun, sondern einzig und allein mit Wonne, Liebe und Wahrheit.

Das, was sich ereignet, so ganz „en passant“, ist dennoch kein „heilloses“ Durcheinander, sondern ein „heilsames“, weil es sämtliche Regeln des verknöcherten Alten sprengt. Die Welt ist in jeder Sekunde jungfräulich neu, in Harmonie vollendet.

5

Lea, weiterhin unermüdlich am Beobachten, Forschen, stillen Lauschen und Schauen, lernt nicht nur die Sprache, sondern auch die Gesetze des neuen Zustands mehr und mehr kennen. Das Neue erschließt sich unaufhörlich. Doch statt „Gesetze“ verwendet Lea lieber die Worte „Regeln“ oder Spielregeln“. Denn Gesetze, diese ehernen, vermeintlich unumstößlichen Gewissheiten eines angesichts der Erhabenheit des Kosmos eingeschüchterten Egos - welches das Universum deshalb ja auch in immer kleinere Teile zerlegen und wegsperren muss, etikettiert mit je einer felsenfesten Überzeugung -, waren ja das Zeichen der alten Welt. Und die schmilzt nun im immer stärker aufstrahlenden Licht des Neuen unwiederbringlich und unaufhörlich. Das Neue aber ist wie ein großes Spiel, ebenso unvermittelt, fröhlich und frei, in jedem Moment sprunghaft und doch keineswegs chaotisch. Man muss nur lernen, auf seine Anzeichen, die überall schon emporlodern wie Leuchtfeuer am Strand, welche das Schiff sicher über einen Ozean voller gefährlicher Untiefen lotsen, zu achten, zu hören und ihnen vorbehaltlos zu folgen.

Denn alles bei diesem neuen Zustand, in den der Mensch jetzt hineinwächst, ist, so zumindest empfindet es Lea, eine Frage der Fügung und damit so leicht, so einfach, geradezu spielerisch. Jedes Kind kann das: sich einem Größeren, Weiseren als man selbst anzuvertrauen, sich Ihm hinzugeben in Liebe, sich Ihm zu fügen. Denn fügt sich der Mensch, fügt sich die Welt – in ihre allwunderbare, in jeder Sekunde vollkommene Harmonie und Ordnung. Jeder Augenblick schenkt einem das, was man genau in diesem Moment braucht, dessen man bedarf, oft sogar ohne es überhaupt gewusst zu haben. Dagegen ist „coffee to go“ und jedes andere „Ich will haben, jetzt, hier, sofort!“ nichts, rein gar nichts! Es gibt keine überbordenden Fantastereien, die einen in gefährliche Höhen schleudern, keinen benebelnden Rausch, keine furiosen Wunder, alles verläuft still, nach außen hin scheinbar unspektakulär, bescheiden - so wie Leas geliebtes kleines Leben -, ganz einfach und doch so groß, voller Glück und stiller Ekstase. Das Neue nähert sich auf leisen Pfoten.

Dieses Befolgen, dieses Sich-Fügen, arglos und vertrauensvoll wie ein Kind, ist äußerst wichtig, auch das hat Lea jetzt schon herausgefunden: „So ihr nicht werdet wie die Kinder…“. Denn der Weg hinüber, der große Übergang, geschieht nicht aus eigener Kraft, wird vielmehr für einen getan, von liebenden, hilfreichen Kräften. Sie schleppen den Wanderer, wie eine Katzenmutter ihr Kätzchen, sachte im Maul, sanft und sicher hinüber, man braucht sich nicht einmal festzukrallen, sich nur weiterhin im Loslassen zu üben. Dieses Bild von der Katze und ihrem Kätzchen hatte Mirra Alfassa einmal gebraucht, und Lea gefällt es, weil es den Sachverhalt, genauso wie sie es in dieser Übergangszeit jetzt erfährt, so treffend schildert. Und überhaupt, auch das fällt Lea dabei auf, gibt es für alles, für jedes Ding, für jeden Sachverhalt, ein genau passendes Bild, das *eine* exakt zutreffende Wort, durchdrungen von innerer Kraft: der Sprache der Seele. Und es ist jedes Mal ein kleines Fest für Lea, wenn sie eines davon findet, oder vielmehr, es hört und damit geschenkt bekommt.

Es gibt sowohl ein inneres Schauen als auch ein inneres Hören, auch dies Qualitäten des Neuen. Im inneren Hören ist Lea inzwischen schon recht geübt, denn jene unablässig strömende Quelle, die Pegasus mit seinem Huf einst schlug, diktiert ihr weiterhin, Tag für Tag, kapitel- oder abschnittsweise ihr Buch, mit Wendungen und Symbolen, die sie selbst überraschen und erstaunen. Beim inneren Schauen hingegen wird stets *ein* Aspekt der Wahrheit von dem freigelegt, auf das Lea gerade ihre Aufmerksamkeit, den inneren Blick, das Bewusstsein richtet. Und bei diesem Schauen erlebt sie es dann so, als dränge sie dabei mit der inzwischen so starken Kraft des eigenen Herzens ins Herz des zu betrachtenden Gegenstandes oder Ereignisses ein – in Identität mit diesem, durch welche sie, unvermittelt und ohne sich auch nur im Geringsten anzustrengen, alles, was sie gerade in diesem einen Moment darüber wissen soll, einfach weiß. Das Ding oder Geschehnis und Lea sind dabei eins, denn es gibt ja nur ein Selbst in allem. Diese Identität gelingt jedoch nur aus der Ruhe heraus, aus dem inneren Schweigen. Denn alles, was wahr ist, ist ruhig und sanft und doch von unvorstellbarer Kraft.

Und vielleicht, so folgert Lea, ist ja die Welt heutzutage auch deshalb so laut, weil es immer einen Wettlauf zwischen lichtvollen und dunklen Kräften gibt und somit – jetzt im Endspurt - den Versuch, das Heranbranden des Neuen mit all diesen plärrenden Ghettoblastern und XXXL-Lautsprechern auf immer wilder rollenden Rädern zu übertönen. Aber aufhalten lässt das Neue sich nicht mehr, und sein sanft heranwehender Klang ist machtvoller als jeder noch so kreischende, hämmernde Lärm, so wie das Subtile auf Dauer immer mächtiger ist als das allzu Offensichtliche.

6

Vor Leas innerem Auge ziehen ganze Scharen von Menschen vorüber, die so gerne frei sein möchten und sich vielleicht so lange auch frei fühlen, wie sie mit ihren getunten Autos und den aufgemotzten Motorrädern durch die Gegend brausen, nach dem Motto „break the silence!“, dabei in der Erwartung, jede Begehrlichkeit sofort und jederzeit befriedigt zu bekommen. Freiheit ist ein im Menschen angelegter berechtigter Drang und ebenso eine Verheißung, sie irgendwann auch tatsächlich zu erlangen, nur über den Weg dorthin lässt sich streiten. Denn ist wirkliche Freiheit nicht etwas, so überlegt Lea, das ebenfalls nur von innen kommen kann und der Mensch sich, durch inneres Wachstum und Selbstüberschreitung, erst erarbeiten muss? Und gebührt Freiheit daher nicht auch am ehesten dem, der nicht andere, sondern sich selbst beherrscht und bemeistert? So wie auch schweigen zu können die eigentliche Errungenschaft des Menschen ist und nicht das Denken.

Aber, ach, wie gut kann Lea sie alle verstehen, war sie doch selbst einer dieser, wenn auch nicht lärmenden, so doch ewig haben wollenden Menschen gewesen - damals, vor ihrer Krankheit. Nur mit dem Unterschied, dass es bei ihrem Haben-wollen nicht um materielle Dinge, sondern um Erkenntnis ging. Und es ist, zu ihrer Schande, noch gar nicht so lange her, da hat auch sie nochmals mit vollen Händen genommen, Geschenke und Erfahrungen an sich gerissen, für die sie noch nicht reif war, gierig, unersättlich, nicht bedenkend, dass man doch nur mit leeren Händen empfangen kann. Sie hatte nämlich, jetzt kann sie es ja gestehen, im Überschwang durch all dies Neue, anfangs nicht nur ein Blümchen der Erkenntnis nach dem anderen am Wegesrand gepflückt, sondern gleich alle auf einmal, zumal sie merkte, dass diese umso üppiger nachwuchsen, je mehr sie sich davon nahm. Hat sich dabei, fast um ein Haar, durch zu viele Erkenntnisse auf einen Schlag noch einmal beinahe das Gehirn versengt.

Und ach, gab es überhaupt *eine* Versuchung, der Lea, wenn auch nur vorübergehend, nicht erlegen war, oder auch nur *eine* Weggabelung auf der Straße ihres Lebens, an der sie sich nicht zunächst verirrte, geblendet von vielversprechenden Worten und allzu glänzenden Bildern? Ihre geographische Orientierung war eben noch nie die beste, und auf dem Weg zum Licht gibt es statt Premium-Wanderwegen leider nur ganz schmale Pfade und meistens sogar nur die Wege, die man selber anlegt. Ihren Irrtum hat Lea daher immer erst dann bemerkt, wenn der Weg vorübergehend dunkler wurde statt heller. Die Straße des Lebens, der Weg zum Licht wird von Göttern wie von Dämonen gesäumt, dies ist deren gutes Recht. Aus den Erfahrungen mit beiden Seiten webt sich der Teppich des Lebens, und wie gerne nur lässt man sich verführen von vermeintlichen Abkürzungen, grandiosen Ausblicken, überdimensionierten Geschenken, die nur dazu da sind, unreife Pilger auszusortieren. Da ist keiner besser als die anderen, Lea schon gar nicht, denn so sind eben die Menschen.

Und während sie all dies betrachtet, die hellen und dunklen Etappen ihres Wegs, die bunten Flicken ihres Lebensteppichs, stellt Lea fest, dass sie sich ihre größte Sünde bisher noch nicht eingestanden hat, die schlimmste, die gefährlichste von allen, in gewisser Hinsicht wahrscheinlich die einzig wirklich verbleibende Sünde des Menschen – sie hat aber auch nichts ausgelassen! Nämlich die, die Lea seit ihrer frühesten Kindheit plagte, angesichts einer sinnlos erscheinenden Welt: alles verstehen, alles wissen zu wollen, jedes Geheimnis zu lüften, nur nach Erkenntnis zu streben, immerzu, höher und höher - *die* Hybris des Menschen! Aber die Gebirge und Gipfel dieser Welt, diese schneebedeckten glitzernden Majestäten, sind den Göttern vorbehalten. Dem Menschen ist nur vergönnt, sie in Ehrfurcht zu betrachten – und von unten! Ihn erwarten, statt der äußeren, die inneren Gipfel: die Gipfel der Glückseligkeit. Betritt man nämlich verbotenes Terrain, will man die Berge „bezwingen", wandeln sich Götter in Dämonen und zauberhaft leuchtende Bergkristalle in totes, nacktes Gestein, und so kalt wie die eisigen Giganten wird dann das Herz. Der reine Verstand, der dort wohnt, ganz oben in den frostigen Höhen, wo die wärmende Sonne der Liebe nicht mehr scheint, da zu fern der Erde, ist ein Gott mit einem kalten Herzen. Und wie entzaubert, wie entseelt ist doch die Welt, wenn man vor nichts mehr Achtung hat, alles wissen will und damit entheiligt.

Aber in der Zwischenzeit hätte Lea selbst – oh weh, oh weh! - beinahe auch diese Sünde ein letztes Mal noch begangen, irgendwann muss sie es ja beichten, nicht für sich selbst, sondern als höchste Warnung für die anderen. Die Faszination der jederzeit verfügbaren Erkenntnis wuchs nochmals schneller als ihr Herz, das doch schon so voller Liebe war, und Lea bemerkte sehr wohl, dass Unheil sich erneut zusammenbraute, war aber nicht zu bremsen, unersättlich wie früher. Hatte, wie in einem Rausch der allzu verführerischen Erleuchtungen, mehr und mehr vom Baum der Erkenntnis genascht, nur um *noch mehr* zu begreifen. Und war gerade schon dabei, ihre Finger auch noch nach dem doch schon fast durchsichtig gewordenen Schleier vor dem Baum des Lebens auszustrecken, um *noch mehr* auch seiner Wunder zu erschauen. Aber kurz davor schreckte sie dann doch zurück, schon ahnend, dass das, was sie dann sähe, entsetzlich, ja mehr als entsetzlich sein würde: keine Worte! Denn Gott, der doch die Liebe ist, auf einen Schlag zu erkennen und unverhüllt, Seine Allmacht, Seine Größe, wäre, als würde eine riesige Sonne ihr ganzes Potenzial in einer einzigen Sekunde verschleudern, anstatt mit diesem Vorrat von feuriger Energie Milliarden von Jahren, nach und nach und wohldosiert, Licht, Leben und Liebe zu spenden; sie bliebe innerhalb kürzester Zeit ausgebrannt und erloschen zurück, wie das tote Gestein der Gebirge. Und Lea erinnerte sich noch gerade rechtzeitig, im allerletzten Moment, an die Mahnung, dass man den Schleier vom Baum des Lebens doch niemals eigenmächtig herunterziehen darf! Er wird sich schon ganz von alleine lichten, Schritt für Schritt und in dem Ausmaß, in dem die Liebesfähigkeit und das Bewusstsein eines Menschen sich steigern. Denn nur auf diese Weise wird der Mensch den Glanz von Gottes Herrlichkeit schauen.

So hat Lea, Gott und seiner nochmaligen Gnade sei Dank, dies gerade noch rechtzeitig begriffen, ihre allzu neugierigen Finger schleunigst vom Vorhang weggenommen, und sich, statt immer noch mehr wissen zu wollen, nun endlich und endgültig einzig und allein für die Liebe entschieden, denn zu viel Erkenntnis ist nichts für den Menschen. Und *wirklich* verstehen kann man sowieso nur mit dem Herzen.

Etwas allerdings hat Lea auch durch diese Episode noch gelernt: Die größte, und vielleicht einzig wirkliche Sünde, die der Mensch begehen kann, ist nicht, sich von Gott abzusondern, auch wenn „Sünde" und „absondern" noch so sehr die gleiche etymologische Wurzel haben mögen, wie Lea früher in religionswissenschaftlichen Büchern fand, denn das Sich-verlieren und Sich-wiederfinden gehört doch zum gemeinsamen Spiel, zum Leben. Nein, die größte Sünde, so Leas Erfahrung - und Erfahrung ist so viel kostbarer als jedes Bücherwissen, auch das weiß Lea jetzt - ist, sich Gott auf die falsche Weise zu nähern: mehr über den alles zerteilenden Verstand als über das alles vereinende Herz, und ungeduldig statt ganz behutsam. Weisheit setzt die Entwicklung des Herzens voraus, und wirkliche Weisheit ist immer eine Weisheit des Herzens. Noch ein letztes Mal wäre Lea um ein Haar in die Falle dieser Sünde getappt, deren Ursprung ihr einstiger Schwur war, jener verhängnisvolle aus der Kindheit, damals, im Morgengrauen, auf der Rückbank im alten VW ihres Vaters: erst dann sterben zu können, wenn sie alles verstanden haben würde, das ganze Weltall, Gott – wie überheblich!

Nun, jetzt hat sie ja alles erkannt, was der Mensch erkennen kann und das Einzige, was er zu erkennen braucht: sich selbst. Damit soll nun auch gut sein. Und überhaupt, was wollte man denn noch alles erkennen, wenn man doch wieder mit allem eins geworden ist? Genau betrachtet, so fällt Lea dabei auf, hat sie mit ihrem Vorgehen nicht nur „irgendeine“ Sünde begangen, sondern *die* Ur-Sünde des Menschen: zu viel vom Baum der Erkenntnis zu naschen, und nicht nur zu naschen, sondern ihn regelrecht zu plündern! Dabei hatte Gott nach Erschaffung der Welt doch gleich zu Adam und Eva gesagt, dass sie im Paradies von allem essen dürften, nur vom Baum der Erkenntnis nicht – warum hat Lea nicht auf Ihn gehört?! Sie hätte sich so manches Malheur in ihrem Leben sparen können…

Und noch etwas ist Lea jetzt klar, eine vorletzte Erkenntnis: Sobald man nur aus seinen Fehlern lernt, Irrtümer umgehend berichtigt, so etwas wie Scham noch fühlen kann, fähig, sich zu entschuldigen, ist noch nichts verloren, wird selbst die ärgste Sünde vergeben, denn sich zu verirren und Fehler zu machen, ist menschlich. Solange der Mensch nur zur Liebe findet, egal über welch verschlungene Wege, ist alles gewonnen, ist alles gut, findet jede Geschichte ihr glückliches Ende - und so nun auch diese.

So mögen denn die Gletscher, die nicht mehr zu retten sind, schmelzen. Sie fluten jene lieblichen hohen Täler, in denen es die fruchtbarste Erde gibt und ein von der milden Sonne des Herzens beschienenes Leben. Und wo all jene Menschen, die den Weg alles Lebens schon so tapfer durchschritten, an Geist, Körper und Seele geläutert, in Dankbarkeit und Frieden miteinander leben, und - in LIEBE. Wer den Kelch, den Gott einem jeden Menschen reicht, geleert hat bis zur Neige, wird selbst zum „Kelch des Heils", zu einem Segen für die anderen. So heilt man sich gegenseitig und damit die Welt. Und dort, an diesem mystischen Ort, dem geheimnisvollen Land des Neuen, das dieselbe Welt noch ist und doch eine andere, wird in jedem Augenblick ein Füllhorn ausgeschüttet, aus dessen unerschöpflicher Quelle ein jeder, der dort lebt, genau das erhält, was ihm gebührt und was er braucht zu einem guten und glücklichen Leben. Nicht mehr und nicht weniger. Manche behaupten, dieser Ort sei das „Paradies", andere nennen ihn „neues Bewusstsein" oder schlicht „die NEUE ERDE". Sie soll sich am Ufer des Pfirsichblütenflusses befinden, vielleicht aber auch in der Takla-Makan-Wüste, im Himalaya oder im Innern der Erde, ganz gewiss aber im tiefsten Herzensgrund eines jeden Menschen. Sie hat die Form eines leuchtenden Lotos. Und eines der Symbole, das zu ihr gehört, ist das geflügelte weiße Pferd, Sinnbild des letzten transzendenten Sprungs - jenes Quantensprungs des Bewusstseins -, mit dem es den Pilger des Lichts in die Mitte des Neuen hinüberträgt, – aber wen wundert das jetzt noch?

Für jeden aber, der dort lebt, sieht der Ort, auch wenn er ein und derselbe ist, ein klein wenig anders aus, mit anderen Formen und Farben, bestückt mit anderen Bildern, so wie eben ein jeder sein Stückchen vom Paradies anders gestaltet. Da, wo Lea zum Beispiel jetzt wohnt, gibt es nach vorne hinaus einen Supermarkt mit einer Tankstelle daneben. Nach hinten hinaus, in einem Hinterhof, genau in der Mitte, steht ein mächtiger Baum, der grünt und blüht und reiche Früchte trägt, und in dem viele Vögel wohnen und ihre Loblieder singen. Lea hat nun von beiden Bäumen, die es im einstigen Paradies gab, reichlich gekostet - vom Baum der Erkenntnis ebenso wie vom Baum des Lebens -, sich aber jetzt, aufgrund ihrer eigenen und so einzigartigen Erfahrungen, für den letzteren entschieden: für den Baum des Lebens. Und hat mit dieser Entscheidung nochmals *das volle Leben* gewählt und nicht ein Entweichen in das Ewige Schweigen und seinen *Frieden in Aquamarin*. Denn dieses Schweigen ist zwar ein unabdingbarer Teil des Weges, aber noch nicht das Ganze und weder das höchste Ziel noch die letzte Erfüllung der Erde und des Menschen.

Und Lea begreift – dieses nun aber wirklich die letzte Erkenntnis, denn andere braucht es nicht mehr, jetzt will sie einfach nur leben, lieben und schreiben – dass der Neue Mensch gar nicht fürs Verstehen gemacht ist, sondern fürs Staunen, für die Freude und das Lieben. Gott selbst, der doch alles ist und noch unendlich viel mehr, kann man sowieso weder schauen noch erfassen, wohl aber das Antlitz, mit dem Er sich dem Menschen zu erkennen gibt - und das ist weiblich. So gibt es bei diesem letzten Abschnitt der derzeitigen irdischen Evolution gleich zwei, die hierdurch vergöttlicht werden: der Mensch *und* die Erde, die Welt, in der erlebt. So hat sich für Lea die Prophezeiung der Neuen Welt also tatsächlich erfüllt. In

Wahrheit aber, und das ist jetzt wirklich der Schluss – oder vielleicht auch der Anfang einer ganz neuen Geschichte? - muss die Erde gar nicht erst göttlich werden, denn *sie* ist es immer schon gewesen. Nur der Mensch, der auf ihr lebt, musste erst ebenso wahr und schön und liebend werden wie sie, die Erde, um dies zu begreifen. Und, genau genommen, auch nicht „der Mensch" allgemein, sondern im Moment erst mal nur einer: Lea!

Jung ist sie wieder geworden, die Falten glätten sich, geben das Licht des Herzens preis, das in ihnen gefangen war, und seine Seligkeit, diesen süßen Honig des Felsens. Neu geboren ist die Erde jetzt, strahlend schön und frei, wie das Licht an einem milden Frühsommermorgen - und über allem das Lächeln der Göttlichen Mutter.